Les successions

Collection « Systèmes »

La collection « Systèmes » entend répondre au besoin de synthèse et de spécialisation des savoirs qui s'affirme aujourd'hui. Destinée aux étudiants mais également à un public plus large, elle présente des ouvrages clairs et concis, permettant aux lecteurs d'approfondir leur connaissance sur des sujets tels que droit constitutionnel, droit administratif, droit des affaires, droit civil, droit social, économie, administration, finances publiques, fiscalité, finances locales, économie, administration, droit constitutionnel, droit des affaires, sociologie et philosophie juridiques, questions européennes et droit communautaire...

TITRES DÉJÀ PARUS

BARILARI A. : *La modernisation de l'administration,* 1994.
BARILARI A. : *Réussir nos dissertations,* 1995.
BLANC J. et MARZIALS A. : *Les relations financières entre l'Etat et les collectivités locales,* 1993.
BLUMANN Cl. : *La fonction législative communautaire,* 1995.
BODIGUEL J.-L. : *Les fonctions publiques dans l'Europe des douze,* 1994.
BORRAS Ph. et GARAY A. : *Le contentieux du recouvrement fiscal,* 1994.
BOUVIER M. : *Les finances locales,* 3e éd., 1995.
BRANCHET B. : *La révision de la Constitution sous la Ve République,* 1994.
BRURON J. : *Droit pénal fiscal,* 1993.
BRURON J. : *Le contrôle fiscal,* 1991.
BRURON J. : *Droit et garanties du contribuable vérifié,* 1991.
CHABANOL D. : *Le juge administratif,* 1993.
DUGRIP O. et SAÏDJ L. : *Les établissements publics nationaux,* 1992.
DURAND H., GOUIRAND P. et SPINDLER J. : *Économie et politique du tourisme,* 1994.
FABERON J.-Y. : *Les polices des activités maritimes,* 1993.
FONTERS J.-L. et MAILLOT D. : *La fiscalité des professions libérales,* 1992.
GEORGEL J. : *La cinquième République : une démonarchie,* 1990.
GOURION P.-A. et PEYRARD A. : *Droit du commerce international,* 1994.
GUÉDON M.-J. : *Les autorités administratives indépendantes,* 1991.
GUGLIELMI G.-J. : *Introduction au droit des services publics,* 1994.
HAMON F. : *Le référendum. Étude comparative,* 1995.
HEYMANN-DOAT A. : *Libertés publiques et droits de l'homme,* 3e éd., 1994.
JOIN-LAMBERT Ch. (Sous la direction de) : *L'Etat moderne et l'administration,* 1994.
KERNINON J. : *Les cadres juridiques de l'économie mixte,* 2e éd., 1994.
LACHAUME J.-F. : *L'administration communale,* 1994.
LAURENT Ph. et BOYER B. : *Stratégies financières des collectivités locales,* 1995.
LE JEUNE P. : *Introduction au droit des relations internationales,* 1994.
LEYGUES J.-Ch. : *Les politiques internes de l'Union européenne,* 1994.
MAGNET J. : *Éléments de comptabilité publique,* 2e éd., 1994.
MAGNET J. : *Les comptables publics,* 1995.
MOLINIER J. : *Droit du marché intérieur européen,* 1995.
ORSONI G. : *Administration de l'économie,* 1995.
PASTOREL J.-P. : *L'expertise dans le contentieux administratif,* 1994.
PLAGNET B. : *La taxe sur la valeur ajoutée,* 1990.
POUSSIN Ph. : *Histoire des idées économiques de Platon à Adam Smith,* 1994.
RANSAN N. et F. : *Les successions, aspects civils et fiscaux,* 2e éd., 1995.
STIRN B. : *Les sources constitutionnelles du droit administratif,* 2e éd., 1994.
TERRAZZONI : *L'intégration fiscale des groupes de sociétés,* 1992.
VILLEGIER R. : *L'intégration fiscale des groupes de sociétés,* 1992.
ZILLER J. : *Les « Dom-Tom »,* 1991.

Nicole et François RANSAN

Les successions

Aspects civils et fiscaux

2e édition

L.G.D.J

14, rue Pierre et Marie Curie, 75005 Paris.
ISBN 2.275.00393.2
ISSN 09987-9927.

Grand merci à l'effort collectif
de réflexion engagé dans une vie
antérieure avec des collègues enseignants
sans lequel la réalisation de cette synthèse
dans laquelle ils se reconnaîtront
probablement n'aurait pas été possible.
N. et F. RANSAN

Introduction

Le terme « succession » comporte deux acceptions liées au décès :

— *Transfert* (acquisition) d'éléments de patrimoine,

— *Consistance* du patrimoine transmis.

Dans un cas comme dans l'autre, les clés du système d'analyse sont données par le Code Civil. Aussi, une étude de la fiscalité des successions ne saurait s'engager sans rappels constants des règles civiles de la dévolution successorale. Au regard du droit fiscal, c'est la *mutation* taxable des biens du défunt dans le patrimoine de ses héritiers, légataires ou ayants droit qui intéresse le Receveur des impôts. La consistance du patrimoine servira d'assiette aux droits de mutation par décès mais ici, la notion d'autonomie du droit fiscal ne joue que de façon relativement marginale. Le praticien de la fiscalité des successions ne saurait donc méconnaître les règles civiles qui précisent les modalités d'attribution des biens héréditaires. Si on se place du côté de l'administration fiscale, on s'aperçoit que l'essentiel du travail relatif à la taxation des droits de succession consiste à analyser l'application des règles civiles de dévolution pour en tirer les conséquences en terme de droits dûs.

Par ailleurs, la loi de Finances rappelle souvent implicitement les mécanismes civils de base. Il en va ainsi de la fixation d'un tarif variable selon le lien de parenté entre le successible et le défunt.

C'est la raison pour laquelle nous aborderons dans une Première Partie les rappels essentiels de droit civil nécessaires à une bonne compréhension des mécanismes juridiques de la dévolution successorale. Dans une Seconde Partie, le lecteur trouvera un exposé des règles fiscales particulières aux successions. Dans une Troisième Partie seront évoquées les obligations des héritiers et les lignes directrices du contrôle que peut exercer l'administration fiscale.

La matière traitée, dense et complexe tant au regard du Droit Civil qu'à celui de la loi fiscale et de son application jurisprudentielle pourrait donner lieu à la rédaction de plusieurs volumes. Il est bien évident que le travail effectué dans cet ouvrage est conçu non comme une somme définitive mais comme une approche pragmatique permettant au lecteur de faire un parcours rapide des aspects civils les plus importants comme des particularités fiscales des successions.

Première Partie

APERÇU SOMMAIRE SUR L'ENVIRONNEMENT JURIDIQUE DES SUCCESSIONS

Préalablement à la taxation des successions, il convient d'analyser les conséquences patrimoniales du décès afin de déterminer qui peut prétendre recueillir les biens du défunt et dans quelles proportions. La loi fiscale, de ce point de vue est muette : il faut donc se reporter aux règles civiles précisant les incidences des régimes matrimoniaux dans la fixation des patrimoines transmis par décès (chapitre 1) et celles qui organisent la dévolution successorale (chapitre 2).

D'un point de vue méthodique, les développements suivants font référence aux dispositions édictées par le Code Civil ; il s'agit pour les auteurs d'un parti pris systématique destiné à donner au lecteur les éléments d'information de base indispensables à partir desquels il pourra éventuellement orienter sa recherche.

Chapitre 1

LE MARIAGE ET LE DROIT SUCCESSORAL

L'existence et la persistance d'un lien matrimonial emporte des conséquences importantes lors du décès de l'un des époux.

D'un coté, le droit civil reconnait au conjoint survivant une vocation héréditaire, ce qui peut entraîner des conflits avec les autres cohéritiers. D'un autre côté, le patrimoine de chacun des conjoints a pu subir des variations en valeur lors de la vie commune et le couple marié, par son activité ou sa gestion, a pu créer, voir accroître, une épargne qui se retrouve au décès du prémourant.

Il convient donc de comprendre l'essentiel des régles civiles organisant la vocation successorale du conjoint survivant avant d'aborder la notion du régime matrimonial.

SECTION 1

La vocation successorale du conjoint survivant

§ 1 — Le régime actuel

Depuis l'ordonnance n° 58-1307 du 23 décembre 1958, le conjoint survivant se voit attribuer le même droit de saisine que les héritiers légitimes et/ou naturels. Ce droit est reconnu par l'article 724 du code civil qui stipule : « les héritiers légitimes,les héritiers naturels et le conjoint survivant sont saisis de plein droit des biens, droits et actions du défunt... »

Cette disposition, nous le verrons plus loin, est importante car elle permet en certains cas à l'administration fiscale de poursuivre le conjoint survivant sur le principe de la solidarité des héritiers saisis pour le paiement des droits.

Le fondement se trouve dans la notion même de mariage, contrat civil créant, entre autres effets, une vocation successorale réciproque entre les époux. Toutefois la qualité d'héritier (*au sens de l'article 724 du Code Civil*) reconnue au conjoint survivant est sous-tendue au respect de quelques conditions de fond.

§ 2 — Les conditions d'exercice de la vocation successorale du conjoint

— *Le mariage doit précéder le décès.*

Le mariage posthume, certes exceptionnel, est permis par le Code Civil mais l'article 171 3e alinéa précise dans ce cas : « ...toutefois, le mariage n'entraîne aucun droit de succession ab intestat au profit de l'époux survivant... »

— *La validité du mariage ne doit pas être contestée au décès.*

Les causes de nullité (*prévues au chapitre IV du titre cinquième du Code Civil*) ne font pas obstacle à l'application de la théorie du mariage putatif issue de l'article 201 du Code Civil.

— *Le mariage doit conserver ses effets lors du décès du prémourant des conjoints.*

Si le divorce rompt irrémédiablement le lien de mariage (*article 765 du Code Civil*) il n'en va pas de même de la séparation de corps :

Article 301 Code Civil : « en cas de décès de l'un des époux séparés de corps, l'autre époux conserve les droits que la loi accorde au conjoint survivant. Il en est toutefois privé si la séparation de corps est prononcée contre lui suivant les distinctions faites à l'article 265. Lorsque la séparation de corps est prononcée sur demande conjointe, les époux peuvent inclure dans leur convention une renonciation aux droits successoraux qui leur sont conférés par les articles 765 à 767 ».

SECTION 2

La notion de régime matrimonial

Définis comme l'ensemble des règles organisant les rapports pécuniaires des époux pendant le mariage et à la dissolution de celui-ci, les régimes matrimoniaux sont régis par le titre cinquième du Code Civil (*articles 1381 à 1581 du Code Civil*), les développements suivants ont pour objet de procéder un rappel sommaire des règles applicables en la matière.

§ 1 — Généralités sur la notion de régime matrimonial

La notion de régime matrimonial revêt deux acceptions selon la loi civile.

A. Le régime matrimonial primaire

Statut d'ordre public, régi par les articles 214 à 226 du Code Civil, le statut primaire s'applique quel que soit le régime choisi par les époux à la célébration du mariage ou par convention postérieure. Il comprend trois séries de dispositions :

— Règles relatives aux charges du ménage (*article 214 du Code Civil*)

— Règles relatives à l'interdépendance des époux (*article 215 du Code Civil*)

— Règles relatives à l'indépendance des époux (*articles 216, 220 et 226 du Code Civil*).

B. Le régime matrimonial proprement dit

Le fondement de la notion de régime matrimonial trouve sa source dans la nature contractuelle du mariage et, par voie de conséquence, devient un domaine d'exercice important du principe de la liberté contractuelle.

Dès lors, toute convention qui ne déroge pas aux « bonnes mœurs » et à l'ordre public peut être envisagée dans un « contrat de mariage », acte solennel et authentique. Il convient de préciser que dans les limitations à la liberté contractuelle, la loi interdit toute disposition de nature à modifier ou écarter l'application des principales règles touchant aux successions. Il en va ainsi par exemple, de l'interdiction faite par le code civil de modifier par convention matrimoniale l'ordre des personnes appelées à succéder (*article 1389 du Code Civil*) ou la composition du patrimoine transmis (*prohibition des pactes sur biens futurs des articles 791 et 1130 du code civil*).[1]

§ 2 — L'incidence d'un « Contrat de Mariage »

L'article 1393 du Code Civil stipule que « les époux peuvent déclarer, de manière générale, qu'ils entendent se marier sous l'un des régimes prévus au présent Code... » Lorsque cette opportunité est saisie, le régime matrimonial des conjoints est un régime dit « conventionnel ». Trois types de régimes conventionnels sont envisageables :

— Régimes séparatistes

— Régimes communautaires

— Régimes mixtes

Le décès du premier des conjoints (*le « prémourant »*) a pour conséquence immédiate la rupture du lien matrimonial et la liquidation du régime. Selon le type de régime choisi par contrat (*lors du mariage ou pendant celui-ci - cf. article 1397 du Code Civil*), les incidences du mariage sur la succession seront différentes.

A. Cas des régimes de type séparatiste

Le Code Civil précise dans son article 1536 que « lorsque les époux ont stipulé dans leur contrat de mariage qu'ils seraient séparés de biens,

1. Ne pas confondre avec *l'institution contractuelle* prévue à l'article 1082 du Code Civil.

chacun d'eux conserve l'administration, la jouissance et la libre disposition de ses biens personnels... »

Toutefois, le mariage crée, de fait, une situation de vie commune et, bien que, théoriquement, le patrimoine de chaque époux reste sous sa seule administration, il n'est pas rare de constater des immixtions fréquentes dont le règlement peut être complexe lors de la liquidation de la succession du prémourant.

Le Code Civil organise le régime applicable dans certains cas de figure. Il en va ainsi, notamment, dans le cas de construction d'ouvrage par un époux séparé de biens sur le sol de son conjoint. A défaut de convention particulière, l'article 555 du Code Civil (*construction sur le sol d'autrui*) trouvera à s'appliquer.

Hors le cas de l'enrichissement sans cause légitime résultant de la jurisprudence née de l'application de l'article 1371 du Code Civil, celui plus fréquent de la « *Société d'acquêts* » trouvera application lors du règlement des successions. Dans ce cas de figure, la liquidation des biens constituant l'objet de cette société d'acquêts se fera sous les mêmes règles que celles appliquées aux régimes communautaires (voir *infra* section V).

Toute clause du type « attribution préférentielle » reste opposable lors de la liquidation par décès (*article 1542 du Code Civil*). De même les règles applicables en cas de créance d'un époux contre l'autre sont identiques à celles des régimes communautaires. On le voit, l'étanchéité due au régime séparatiste n'est pas absolue quand on se place au décès du prémourant, contrairement à l'idée communément répandue.

Enfin, un régime séparatiste ne fait pas obstacle à l'application des règles édictées par les articles 718 et suivants du Code Civil organisant la dévolution successorale (voir *infra* chapitre II).

B. Cas des régimes de type communautaire

(*articles 1401 du Code Civil à 1501 du Code Civil*)

Par contrat de mariage, les futurs époux peuvent opter pour un régime communautaire. Deux régimes-types sont possibles :

— Communauté de meubles et acquêts,

— Communauté d'acquêts (*ou « réduite aux acquêts »*).

Le principe du partage égal de la communauté après détermination du « Boni de communauté » (voir *infra* section V) peut être mis en échec par convention matrimoniale. En effet, certaines clauses particulières — admises par le Code Civil — vont modifier substantiellement le mode de calcul et la dévolution des biens de la communauté lors du décès du prémourant des conjoints.

Il en sera ainsi, par exemple, lorsque des stipulations particulières du contrat de mariage prévoiront :

— Une clause de prélèvement moyennant indemnité (cf. : *Code Civil, articles 1511 à 1514*).

— Une clause de préciput conventionnel (cf. : *Code Civil articles 1515 à 1519*).

— Une clause de stipulation de parts inégales (cf. : *Code Civil articles 1520 à 1525*).

— Une clause d'attribution intégrale (cf. : *article 1524 du Code Civil*).

— Une clause d'ameublissement (cf. : *article 1526 du Code Civil*) ou communauté universelle.

On mesure ici l'intérêt d'une convention matrimoniale dans les modifications qu'elle peut apporter aux règles habituelles de la communauté « légale » (*aujourd'hui communauté d'acquêts, cf. infra* section III).

Il est précisé cependant que la loi civile organise une protection des héritiers (*exemple : article 1527 du Code Civil pour les enfants d'un premier lit*).

C. Cas du régime « Mixte »

Une telle dénomination vise le régime dit de « participation aux acquêts » prévu par les articles 1569 à 1581 du Code Civil. Ce régime d'apparence simple est en réalité d'une application délicate. En effet, pendant la durée du mariage, les époux gèrent leurs biens comme s'ils étaient mariés conventionnellement sous le régime de la séparation de biens. La complexité provient de ce qu'au décès (*à la dissolution du mariage de façon plus générale*), chaque époux participe pour moitié aux « acquêts nets » constatés dans le patrimoine de l'autre. Cette notion — relativement récente en droit français — oblige à une connaissance très fine du patrimoine originaire et final de chaque conjoint. Par ailleurs, l'article 1581 du Code Civil permet aux conjoints de convenir par contrat de mariage de toute stipulation licite en matière de convention matrimoniale. Ainsi, une clause de partage inégal donne droit pour le survivant des conjoints à la totalité des acquêts nets réalisés par le prémourant.

SECTION 3

Masse commune et masse propre dans les régimes communautaires

L'article 1393 du Code Civil précise que « les époux peuvent déclarer, de manière générale, qu'ils entendent se marier sous l'un des régimes prévus au présent code. A défaut de stipulations spéciales qui dérogent au régime de communauté ou le modifient, les règles établies dans la première partie du chapitre II (« du régime en communauté ») formeront le droit commun de la France ».

Il en résulte que le régime « légal » — à défaut d'existence de « contrat de mariage » — est un régime communautaire. Il convient de bien apprécier les particularités distinctes de la communauté de meubles et acquêts (*régime légal avant la loi n° 65-570 du 13 juillet 1965*) et de la communauté d'acquêts (*régime « légal » actuel*). En effet, les règles à mettre en œuvre lors de la liquidation du régime matrimonial n'ont pas exactement les mêmes incidences selon que le lien matrimonial a été noué avant ou après le 1er février 1966.

L'étude de la liquidation des régimes communautaires exige par ailleurs une attention toute particulière : ce sont les cas les plus nombreux de liquidation de régimes matrimoniaux rencontrés lors du règlement des successions.

En régime communautaire, les biens des époux se répartissent en trois masses actives dont les frontières sont importantes à la liquidation :

— biens propres du mari

— biens propres de la femme

— biens communs

§ 1 — Les masses actives des biens communs

Le tableau suivant résume l'essentiel des règles dont la connaissance est indispensable à la détermination des biens transmis par décès lorsque les époux étaient mariés sous un régime de communauté. Il met en évidence les particularités de chaque régime qu'il convient de bien apprécier tant elles sont importantes lors de la liquidation de la communauté.

<table>
<tr><th>COMMUNAUTE DE MEUBLES ET ACQUETS</th><th>COMMUNAUTE D'ACQUETS</th></tr>
<tr><td colspan="2">BIENS PROPRES PAR L'ORIGINE
(Présents ou futurs lors de la célébration du mariage)</td></tr>
<tr><td>- Immeubles (non visé par l'article 1498 du Code Civil)

- Meubles dans le cas d'une stipulation expresse lors d'une libéralité (Cf. art. 1498 al. 1 Code Civil)</td><td>- Meubles et/ou immeubles
(Cf. art. 1405 al. 1 Code Civil)</td></tr>
<tr><td colspan="2">BIENS RECUS DANS LE CADRE D'UN ARRANGEMENT CONCLU ENTRE LE DONATEUR ET L'EPOUX DONATAIRE
(Cas visé par l'article 1405 al. 3 du Code Civil)</td></tr>
<tr><td colspan="2">BIENS PROPRES PAR NATURE
Ces biens sont vises par l'article 1404 du Code Civil.
Deux catégories ont une importance particulière lors d'une liquidation de communauté :

- Les biens qui ont un caractère, personnel et tous les droits exclusivement attaches à la personne
(ex : indemnité pour préjudice corporel)
- Les instruments de travail nécessaires à l'exercice de la profession (indépendante) de l'un des époux</td></tr>
<tr><td colspan="2">BIENS COMMUNS PAR NATURE
- Acquêts définis par l'article 1401 du Code Civil :
• Acquisitions à titre onéreux pendant le mariage par les époux ou l'un d'entre eux
• Portent sur des biens meubles et/ou immeubles
Acquêts présumés faits par la communauté (cf. art. 1402 Code Civil)</td></tr>
</table>

COMMUNAUTE DE MEUBLES ET ACQUETS	COMMUNAUTE D'ACQUETS
- Tous les meubles (Cf. art. 1498 C.C.) (sauf si régis par art. 1404 C.C.) • Présents • Acquis à titre gratuit	
Biens devenant communs par suite d'une stipulation particulière contenue dans une libéralité (cf. art. 1405 al. 2 code civil)	
- Immeubles	- Meubles et/ou immeubles
Instruments de travail accessoires d'un fonds de commerce ou d'une exploitation faisant partie de la communauté (cf. art. 1404 al. 2 Code Civil)	
Emploi ou réemploi résultant de l'aliénation d'un bien propre lorsque la mise à la charge de la communauté est supérieure à la valeur des biens cédés. (combinaison des art. 1434, 1435 et 1407 du code civil)	
Fruits perçus non-consommés (art. 1403 C.C.)	

§ 2 — Détermination des biens propres (une masse pour chacun des conjoints)

Le tableau suivant résume l'essentiel des règles civiles définissant le caractère propre d'un bien en régime communautaire.

COMMUNAUTE DE MEUBLES ET ACQUETS	COMMUNAUTE, D'ACQUETS
BIENS PROPRES PAR L'ORIGINE (Présents ou futurs lors de la célébration du mariage)	
- Immeubles (non visé par l'article 1498 du Code Civil) - Meubles dans le cas d'une stipulation expresse lors d'une libéralité (Cf. art. 1498 al 1 Code Civil)	- Meubles et/ou immeubles (Cf. art. 1405 al. 1 code Civil)

<table>
<tr><td>COMMUNAUTE DE MEUBLES
ET ACQUETS</td><td>COMMUNAUTE, D'ACQUETS</td></tr>
<tr><td colspan="2">BIENS RECUS DANS LE CADRE D'UN ARRANGEMENT
CONCLU ENTRE LE DONATEUR ET L'EPOUX DONATAIRE
(Cas visé par l'article 1405 al.3 du code Civil)</td></tr>
<tr><td colspan="2">BIENS PROPRES PAR NATURE
|
Ces biens sont visés par l'article 1404 du Code Civil.
Deux catégories ont une importance particulière lors d'une liquidation de communauté :

- Les biens qui ont un caractère personnel et tous les droits exclusivement attachés à la personne
(ex : indemnité pour préjudice corporel)
- Les instruments de travail nécessaires à l'exercice de la profession (indépendante) de l'un des époux)</td></tr>
</table>

§ 3 — Les deniers en régime communautaire

La notion de « deniers » regroupe en fait toutes les sommes d'argent provenant des gains et salaires, des fruits civils des biens (*propres ou communs*) et de sommes diverses.

La difficulté, quant à la nature propre ou commune de ces biens, provient d'une part du silence relatif du Code Civil et d'autre part de la fiction juridique que constitue le « patrimoine commun ».

A. Précisions sur la notion de « patrimoine » commun

Ce serait une erreur de considérer -comme on le fait trop rapidement que la masse commune constitue un patrimoine distinct de celui de chaque époux

En effet la communauté ne doit en aucun cas être confondue avec un quelconque pacte social qui permettrait de définir trois personnes ayant chacune vocation à un patrimoine distinct. De là proviennent des difficultés d'appréciation de la nature des deniers lors de la liquidation du régime matrimonial (*notamment lors du règlement des successions*).

De façon très schématique, la fiction juridique de la masse commune peut être représentée de la façon suivante. La situation d'équilibre est celle qui naît lors de la célébration civile du mariage.

Patrimoine	Masse	Patrimoine
A	C	B

B. Fonctionnement illustré de la masse commune

Il est possible, dès lors, d'envisager une série d'évènements affectant l'équilibre initial ci-dessus figuré et faisant intervenir des versements en deniers. Quatre exemples seront utilisés.

- 1re hypothèse

Les époux ont une activité professionnelle : ils perçoivent des gains et salaires. Par application d'une jurisprudence constante, ces biens sont réputés communs. Tombés ainsi dans la masse commune, ils contribueront au règlement de diverses dépenses incombant à la communauté.

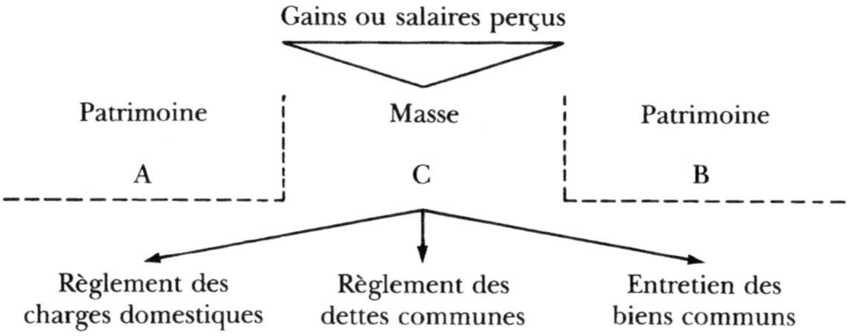

- 2e hypothèse

Un des époux aliène un bien propre et ne remploie pas la somme dégagée par la vente. Cette somme tombe dans la masse commune (*article 1434 du Code Civil*)

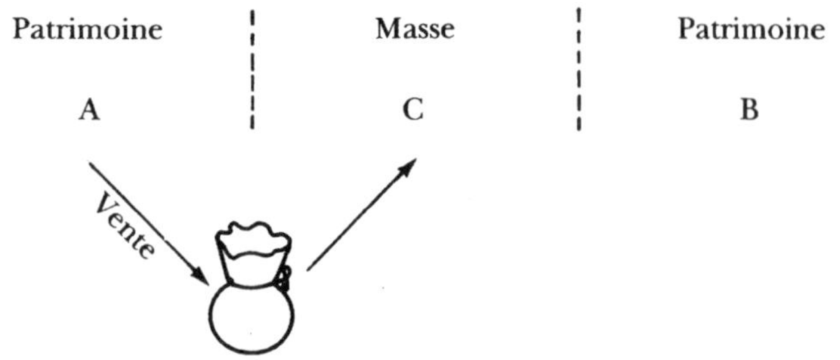

• 3e hypothèse

Un des époux acquiert un bien en remploi du produit de l'aliénation d'un bien propre. La communauté a contribué à cette acquisition. La participation financière de la masse commune est supérieure à la valeur d'apport du remploi. Le bien acquis tombe dans la masse commune (*article 1436 du Code Civil*).

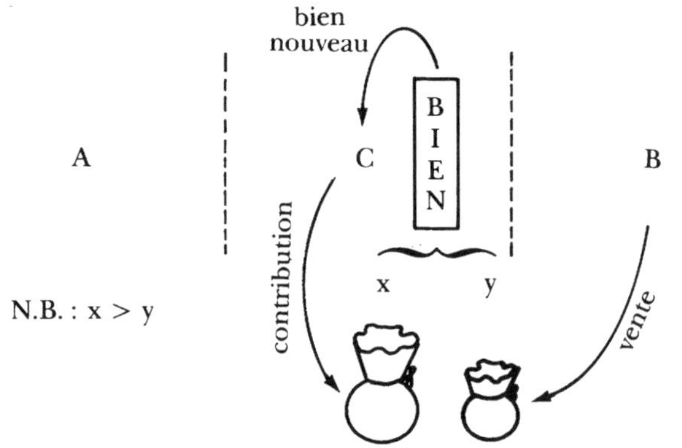

• 4e hypothèse

Un des époux aliène un bien propre et emploie (*ou remploie*) le produit de l'aliènation à l'acquisition d'un nouveau bien. La masse commune, sollicitée, a déboursé une somme inférieure à la valeur du bien. Le bien acquis en remploi reste propre (*article 1406 du Code Civil*).

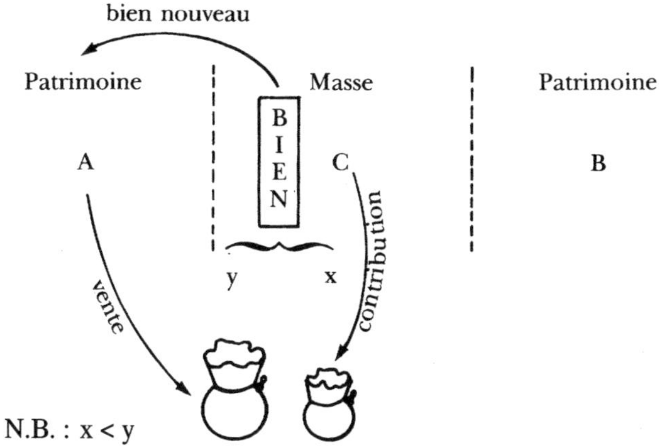

C. Conclusion : le principe de « gestion de caisse »

Il résulte de ces quatre hypothèses figurées de façon simplifiée que les frontières entre patrimoine propre et masse commune sont particulièrement perméables. La raison en est que la masse commune est le lieu de transit obligé des mouvements de deniers. *Le principe est celui de la « gestion de caisse » effectuée par la communauté.* La seule exception à ce principe est constituée par l'emploi ou le remploi explicitement constaté dans un acte qui exclut l'encaissement des deniers par la masse commune (*sous certaines réserves, cf. : article 1434 du Code Civil*).

Ainsi, par application de ce principe les deniers sont encaissés par la masse commune et deviennent des biens communs - quelle qu'en ait été l'origine — (*exemple : fruits perçus non consommés de l'article 1403 du Code Civil*). Le mécanisme des « récompenses » (cf. : *infra* section V trouvera sa source dans ce principe.

SECTION 4
Le passif en régime communautaire

Corrélativement à l'existence d'une masse commune et de deux masses propres de biens, le passif pourra affecter soit la communauté, soit le patrimoine propre des époux.

§ 1 — Les dettes communes

Le champ d'application du passif de communauté est défini par l'article 1409 du Code Civil.

Conséquence de l'existence du régime patrimonial primaire (cf. : *supra* section II) le passif de communauté est composé à titre définitif des aliments dûs par les époux et des dettes relatives à l'entretien du ménage et l'éducation des enfants.

Les dettes d'autre nature mais nées pendant la communauté ont le caractère de passif commun (*sous réserve de réajustement à la liquidation — voir infra* section V).

§ 2 — Les dettes propres

Restent attachées à la personne de l'époux qui les a engagées, les dettes faites dans son intérêt personnel et réglées par deniers communs (*article 1412 du Code Civil*).

Par ailleurs de façon plus générale, sont propres les dettes dont les époux étaient tenus le jour de la célébration du mariage ou dont se trouvent grévés les biens futurs qui vont accroître leur patrimoine pendant le mariage. L'article 1410 du Code Civil précise que le caractère propre de la dette joue tant à l'égard du capital qu'à celui des intérêts.

Bien entendu, la communauté peut être mise à contribution pour le paiement de ces dettes en application du principe de gestion de caisse des deniers sauf cas de fraude de l'époux débiteur et/ou mauvaise foi du créancier (cf. : *article 1413 du Code Civil*). Dans ce cas, le patrimoine débiteur aura tiré profit des sommes dégagées par la communauté et devra l'indemniser lors de la liquidation.

SECTION 5

La liquidation des régimes communautaires

Parmi les causes de dissolution de la communauté définies à l'article 1441 du Code Civil figure en premier lieu le décès de l'un des époux.

A la dissolution, il convient de déterminer parmi les biens existants ceux qui appartiennent en propre à l'époux survivant et à la succession (*continuation du patrimoine du défunt*) et ceux qui, faisant partie de la masse commune, doivent être partagés.

Il faut ici préciser que la répartition des biens communs entraîne une forme de « remise en état » du patrimoine de chaque époux. En effet, pendant la vie commune, des mouvements de valeurs ont pu transiter de la masse propre des époux vers la masse commune et réciproquement. Par application du principe exposé plus haut (cf. *supra* section III) de la « gestion de caisse », la communauté, par exemple, a pu régler des dettes propres ou percevoir de deniers provenant de la contre valeur d'aliénation d'un bien propre. D'une certaine façon, on peut prétendre que, dans un cas la masse commune s'est « appauvrie » au bénéfice du patrimoine propre, alors qu'elle s'est « enrichie » à son détriment dans l'autre cas.

Dès lors, il est nécessaire, par souci d'équité, de rétablir les équilibres détruits avant de répartir ce qui pourra l'être dans la masse commune. L'idée simpliste du partage par moitié de l'existant, on le voit, est très imparfaite.

§ 1 — La notion de récompense

Les représentations schématiques illustrant l'approche du principe de « gestion de caisse » (cf. *supra* section IV) doivent être complétées par la notion de « récompense ».

Sur chacune des hypothèses envisagées plus haut, le transfert en valeur de biens soit vers la masse commune, soit vers les masses propres est choquant s'il ne s'accompagne pas d'une restitution ou d'un dédommagement.

Ce principe d'équité est prévu par le Code Civil qui définit les cas d'application de ce que la loi civile dénomme « récompense ».

C'est ainsi que sous l'empire de l'article 1347 du Code Civil, il est dû récompense à la communauté « toutes les fois qu'il est pris sur la communauté une somme à usage personnel... et généralement toutes les fois que l'un des époux a tiré un profit personnel des biens de la communauté ».

En sens inverse — et simultanément à la dissolution — l'article 1433 du Code Civil stipule que « la communauté doit récompense à l'époux propriétaire toutes les fois qu'elle a tiré profit de biens propres. Il en est ainsi, notamment, quand elle a encaissé des deniers propres ou provenant de la vente d'un propre sans qu'il en ait été fait emploi ou remploi ».

N.B. : D'un point de vue sémantique, il est à noter que le Code Civil utilise indifféremment le terme récompense alors que les praticiens de la fiscalité préfèrent la dénomination « reprise » pour les mouvements allant de la masse commune vers les masses propres et ne conservent le terme « récompense » que dans le sens allant des masses propres vers la masse commune.

§ 2 — La liquidation des reprises et récompenses

Si la notion de « récompense » (*au sens civil du terme*) n'offre pas une difficulté particulière, il en va autrement de la détermination de son montant.

Le principe d'existence des comptes des récompenses trouve sa source dans l'article 1468 du Code Civil : « il est établi au nom de chaque époux un compte des récompenses que la communauté lui doit et des récompenses qu'il doit à la communauté ».

La difficulté, lors de la dissolution du régime matrimonial (*au décès par exemple*), provient de la reconstitution de ces comptes en réalité jamais effectivement tenus pendant la communauté.

Le montant de la récompense découle de l'application de l'article 1469 du Code Civil dont il convient de bien apprécier la portée.

A. Le premier alinéa de l'article 1469 énonce un principe général. La récompense est égale à « la plus faible des deux sommes que représentent la dépense faite et le profit subsistant »

Il convient de comprendre par « dépense faite » la dépense réellement engagée et par profit subsistant la plus value conférée au bien par la dépense consentie par le « prêteur » au profit de « l'emprunteur ». Dès lors, on comprend bien qu'en période de stabilité économique, le principe général édicté par l'alinéa 1 de l'article 1469 du Code Civil « récompense » le patrimoine (*ou la masse*) prêteur du seul avantage acquis par l'emprunteur. Ainsi, l'équité est respectée : à la liquidation de la communauté, l'emprunteur restituera la contrepartie de l'avantage — et du seul avantage — qu'a constitué le prêt. La notion de « profit subsistant » ne vient ici que tempérer l'effet trop abrupt du principe et vise à protéger l'emprunteur contre des prétentions exorbitantes du prêteur.

B. En réalité, le principe général ci-dessus rappelé ne trouve pas application : concept de la dépense nécessaire

L'alinéa 2 de l'article 1469 du Code Civil précise « elle, (la récompense), ne peut être moindre que la dépense faite quand celle-ci était nécessaire ». Il faut entendre ici par « dépense nécessaire » toute dépense indispensable — en principe — pour éviter la perte du bien. Ce sont par exemple les travaux de consolidation d'un immeuble menaçant ruine, voire des travaux d'équipement nécessaires pour en conserver la destination (*ex : mise en conformité aux normes d'habitabilité ou de confort d'un immeuble loué*) voir à ce sujet : Code Civil article 606.

Là encore, l'équité est respectée et la garantie joue au profit du patrimoine prêteur : il sera au minimum récompensé de la dépense faite.

C. La notion de « profit subsistant »

La stabilité monétaire n'étant pas assurée sur une longue période (*celle de la durée moyenne d'une communauté*), il convenait de compenser l'injustice que pouvait représenter un système d'indemnisation ne tenant pas compte des variations dues aux mécanismes économiques des sociétés contemporaines.

Pour cela, l'alinéa 3 de l'article 1469 du Code Civil stipule : « elle, (la récompense), ne peut être moindre que le profit subsistant quand la valeur empruntée a servi à acquérir, à conserver ou à améliorer un bien qui se retrouve, au jour de la liquidation de la communauté, dans le patrimoine emprunteur... »

D'application plus générale et étendue que le principe de l'alinéa 1, ce dernier alinéa de l'article 1469 du Code Civil tend à empêcher l'enrichissement du patrimoine emprunteur au détriment du patrimoine prêteur. En fait, désormais, la récompense due varie en fonction de la plus value acquise par le bien qui se retrouve ou qui est réellement subrogé en nature dans le patrimoine emprunteur au jour de la liquidation de la communauté. Si le bien a été aliéné, le calcul sera arrêté au jour de sa sortie du patrimoine emprunteur.

La détermination, concrètement, de ce « profit subsistant » se fera par application de la formule simplifiée suivante :

$$\textit{Récompense} = \text{P.S.} = \frac{\text{V.L.}}{\text{V.E.}} \times \text{S.E.}$$

où :

P.S. représente le profit subsistant,

V.L. représente la valeur actuelle du bien au jour de la liquidation,

V.E. représente la valeur du bien à l'entrée dans le patrimoine emprunteur,

S.E. représente la somme empruntée.

Quant à la preuve de l'emploi de fonds propres pour l'application de l'alinéa 3 de l'article 1469 du Code Civil, elle résultera d'un faisceau d'indices laissé à l'appréciation du juge (cf. : *Cour de Cassation arrêt Ch. Com. du 9 octobre 1990 BONDEUX contre DGI*).

N.B. : La simplicité apparente de la formule proposée masque en vérité un écueil important en matière d'évaluation du montant des récompenses. Il est fréquent que la « somme empruntée » ait servi à l'amélioration d'un bien propre qui peut du reste prendre la forme d'adjonctions accessoires. (cf. : *Cour de Cassation, Chambre Civile 6 juin 1990, FAVRE contre BOULLY, et 9 octobre 1990 GIRAUDIE contre MAURY*).

Ce cas de figure relève bien de l'alinéa 3 de l'article 1469 du Code Civil. Dès lors, il conviendra d'évaluer la plus value acquise par l'amélioration pour apprécier le profit subsistant. Aussi faudra-t-il évaluer le bien sans amélioration (*valeur d'entrée et valeur actuelle à la liquidation ou au jour d'aliénation*). Dans un second temps il sera nécessaire de procéder à l'évaluation du même bien en incluant l'amélioration. Cette manière de procéder permet seule d'isoler la plus value acquise qu'il faudra déterminer afin de corriger le montant à récompenser. On le conçoit, ce mode de détermination reste une difficulté majeure d'application de la méthode préconisée par l'article 1469 du Code Civil.

§ 3 — Détermination du patrimoine après liquidation de la communauté

A. Détermination du boni de communauté

En application des articles 1470 et suivants du Code Civil, la masse commune est liquidée par balance des comptes individuels de récompense. Cette balance s'effectue par addition de toutes les sommes dues à la communauté dans un premier temps et de toutes celles dues par la communauté à chacun des époux dans un second temps. Bien entendu, la détermination des montants se fera selon les règles évoquées plus haut de l'article 1469 du Code Civil.

Au plan de la terminologie utilisée par les praticiens de la fiscalité des successions, le solde résultant de ces opérations sera selon les cas :

— un excédent de reprise en denier

— un excédent de récompenses (dues à la communauté).

Etant bien observé que, s'agissant d'un solde, il sera impossible pour un même époux de retrouver simultanément un excédent de reprises et de récompenses. Par contre, le patrimoine d'un des conjoints peut se prévaloir d'un excédent de reprises en deniers alors que l'autre devra un excédent de récompenses à la communauté.

B. Affectation des masses passives

Le boni tel que précédemment défini est le BONI BRUT de communauté. Le BONI NET se calcule en retranchant - selon les règles des articles 1467 et suivants du Code Civil - le passif de communauté.

N.B. : En matière fiscale, il est très important de bien considérer les éléments constitutifs du passif de communauté. En effet, l'administration fiscale est en droit - lors du contrôle de la déclaration fiscale de succession - de rétablir la réalité de l'imputation du passif commun déduit à tort en totalité de l'actif de succession.

C. Reconstitution du patrimoine de chaque époux

A la dissolution de la communauté (*au décès dans le cas de figure qui nous intéresse*), la masse commune n'existe plus. Chaque époux reprend son patrimoine (*patrimoine de l'époux survivant, patrimoine de la succession*).

En application de l'article 1475 du Code Civil, « après que tous les prélèvements ont été exécutés sur la masse, le surplus se partage par moitié entre les époux ».

Lors du rétablissement de la consistance du patrimoine de chaque conjoint, il faudra tenir compte des mouvements de valeurs ayant permis de déterminer le boni de communauté. Notamment viendront en déduction les excédents de récompenses dues à la communauté et devront être rajoutés les excédents de reprises en deniers que doit la communauté.

Ainsi, pourrons nous trouver une des deux situations suivantes dans la détermination du patrimoine des époux :

1
- 1/2 du boni de communauté (boni net)
- reprises en nature (meubles et/ou immeubles)
- excédent des reprises en deniers

2
- 1/2 du boni de communauté (boni net)
- reprise en nature (meubles et/ou immeubles)
- déduction de l'excédent de récompenses

N.B. : Les reprises en nature concernant les biens propres de chacun des époux (cf. *supra* section III)

§ 4 — Synthèse des opérations de liquidation d'un régime matrimonial

Les trois représentations graphiques suivantes ont pour objet de marquer les étapes de réflexion nécessaires lors de la liquidation d'un régime matrimonial. La schématisation est volontairement simplifiée et écarte l'analyse des régimes conventionnels dont l'existence seule est ici mentionnée. Pour plus de détails, le lecteur se reportera utilement aux sections du Code Civil mentionnées supra.

A. Représentation schématique de la problématique de la liquidation d'un régime matrimonial

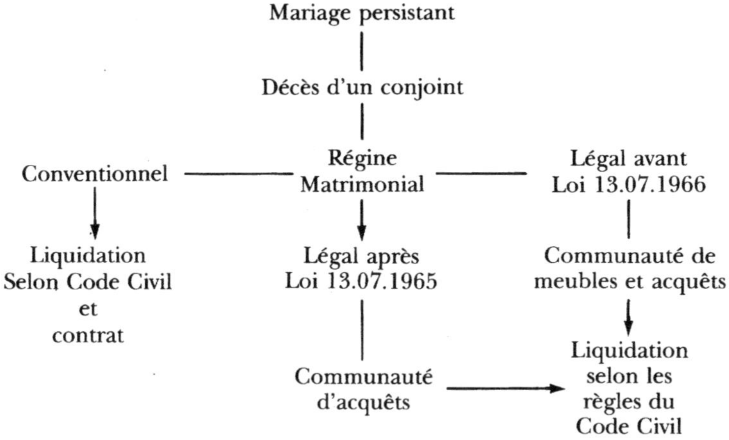

N.B. : Cette représentation illustre la nécessité de la connaissance exacte du régime matrimonial dont le décès entraîne dissolution. De même, la date de célébration du mariage est primordiale - quant à la nature des biens - dans le cas d'un régime communautaire « légal ».

B. Illustration de la problématique des reprises et récompenses dans le cas de la liquidation d'un régime communautaire.

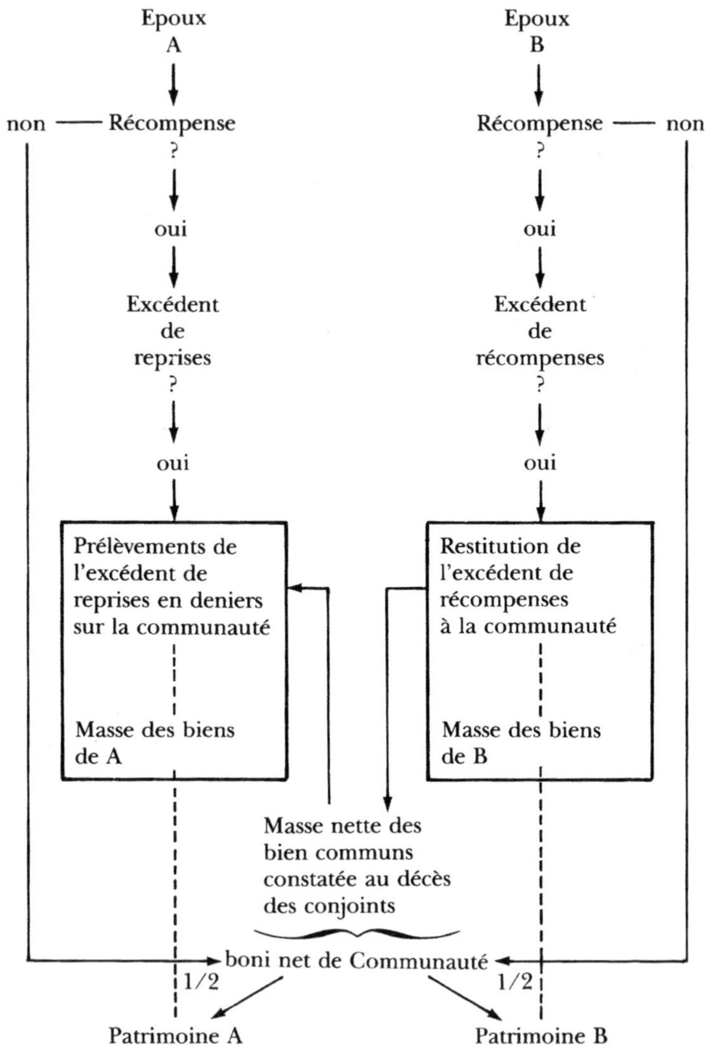

Le boni de communauté partagé lors de la liquidation du régime matrimonial se calcule donc de la façon suivante :

BONI = ACTIF DE COMMUNAUTE − PASSIF COMMUN
− EXCEDENT DE REPRISES
ou
+ EXCEDENT DE RECOMPENSES

Remarque étant ici faite qu'il s'agit du *boni net* *de communauté.*

C. Du boni de communauté au patrimoine successoral

[1/2 boni net de communauté] − excédent de récompense ou + excédent de reprises + [reprises nature (propres)] = [Patrimoine Brut]

Chaque conjoint retrouve à la liquidation du régime matrimonial communautaire son patrimoine brut. Le patrimoine du conjoint prédécédé sera le patrimoine brut successoral transmis aux héritiers et/ou légataires.

Chapitre 2

RAPPELS SOMMAIRES SUR LES RÈGLES DE DÉVOLUTION SUCCESSORALE

Un des sens du terme « succession » fait référence au mode de transmission du patrimoine du défunt. Il est, sur ce sujet, indispensable de connaître l'essentiel des règles édictées par le Code Civil avant d'aborder les aspects fiscaux des successions. La loi fiscale établit, par exemple, un barème de taxation en fonction du lien de parenté ou du mode de transmission des biens composant l'actif successoral transmis. Il conviendra donc de préciser les règles applicables à la dévolution légale (section 1) et celle de la dévolution testamentaire (section 2). La protection des droits de certains héritiers par le Code Civil donnera lieu à l'examen de la réserve et de la quotité disponible (section 3). Les droits du conjoint survivant feront l'objet d'un développement particulier (section 4).

Généralités préalables à l'analyse de la dévolution

Avant d'aborder la dévolution proprement dite, il convient de préciser la portée de certaines notions relatives aux successions.

• *Ouverture d'une succession* : c'est le fait générateur à partir duquel est déclenché tout le processus de dévolution. Il s'agit :

— du décès (*ou mort naturelle selon l'article 718 du Code Civil*).

— du jugement déclaratif d'absence publié et transcrit sur les registres de l'Etat Civil (Cf. *article 128 du Code Civil*).

• *Théorie des co-mourants* : lorsque plusieurs personnes appelées à la succession l'une de l'autre décèdent dans un même évènement de façon simultanée, la loi fixe une présomption de survie selon l'âge ou le sexe (cf. *articles 720 à 723 du Code Civil*).

• *Saisine de la succession* : l'adage — issu de l'ancien Droit — « le mort saisit le vif » permet d'illustrer le caractère immédiat du transfert patrimonial au décès :

— héritiers dotés du droit de saisine : l'article 723 du Code Civil désigne comme tels les héritiers légitimes, les héritiers naturels et le conjoint survivant. Ils sont saisis de plein droit selon l'article 724 du Code Civil ;

— autres : peuvent être légataires des personnes étrangères. Ces dernières n'ont pas le droit de saisine. Elles devront se faire envoyer en possession et/ou se faire délivrer le legs ;

— l'Etat : à défaut d'héritiers et/ou de légataire institués, la succession est vacante et/ou en déshérence et l'Etat a vocation successorale. Successeur irrégulier, il n'a pas le bénéfice de la saisine et doit se faire envoyer en possession (cf. *article 724 du Code Civil*).

• *Successions anomales* : ce sont les successions qui dérogent au principe de l'article 732 du Code Civil selon lequel « la loi ne considère ni la nature ni l'origine des biens pour en régler la succession » ;

— droit de retour légal : abrogé par la loi n° 72-3 du 3 janvier 1972 pour les successions dévolues aux ascendants, le droit de retour légal concerne aujourd'hui les donations simples (cf. *article 368-1 du Code Civil*). Fiscalement la transmission sera taxable ;

— droit de retour conventionnel au profit du donateur. Prévu par l'article 951 du Code Civil, ce droit de retour n'entraîne pas de taxation car le fait générateur est la convention initiale, non le décès du donataire.

• *Qualités requises pour succéder :*

Les dispositions du Code Civil (*articles 725 à 731 du Code Civil*) précisent que pour succéder il faut :

— exister *nécessairement* à l'instant de l'ouverture de la succession ;

— n'être pas susceptible d'indignité successorale (*au sens de l'article 127 du Code Civil*).

SECTION 1

Exposé sommaire des règles applicables à la dévolution légale

successions « ab intestat »

Comme en matière de régime matrimonial, la loi fixe les règles de dévolution des biens par succession lorsqu'aucune disposition particulière exprimée par le défunt (*testament*) n'y pourvoit. La succession sera, dans ce cas, dite « ab intestat » ou légale.

Le Chapitre III du Titre Premier du Livre Troisième du Code Civil organise par combinaison de diverses dispositions la mise en œuvre du mode d'acquisition des biens qu'est la succession. Il est précisé que l'on trouve ici l'origine de la taxation des successions. En effet, c'est la mutation (à titre gratuit — certes) qui est fiscalement imposée puisque la succession consiste à transférer un patrimoine de la personne du défunt en celle des héritiers.

La loi civile a pour vocation de définir qui peut hériter et, parmi les héritiers potentiels qui peut utilement prétendre recueillir les biens laissés par le défunt. De même, le Code Civil définit les modalités d'attribution des biens. Les développements suivants ont pour objet d'en résumer les règles essentielles.

§ 1 — La hiérarchie des héritiers

L'article 732 du Code Civil dispose que « la loi ne considère ni la nature ni l'origine des biens pour en régler la succession ». Ce principe, qui souffre cependant quelques exceptions (*successions anomales*), indique que seul doit être retenu le lien de parenté pour régler les successions. Mais cette notion ne suffit pas à résoudre tous les problèmes soulevés par la dévolution successorale. Il faut lui adjoindre un concept de classement qui permettra d'arbitrer entre les héritiers celui qui recevra la succession. Le principe d'égalité viendra modérer l'effet abrupt du classement.

A. L'ordre et le degré

a) Le code Civil instaure le concept d'un classement préférentiel que définit l'article 731 : « les successions sont déférées aux enfants et descendants du défunt, à ses ascendants, à ses parents collatéraux et à son conjoint survivant dans l'ordre (...) et les règles déterminées ci-après ». La présence d'un héritier dans un ordre exclut toute possibilité d'hériter pour les personnes existant dans un ordre inférieur. C'est ainsi que le classement des ordres est le suivant :

1) ordre des descendants,
2) ordre des ascendants privilégiés — père et mère
   et des collatéraux privilégiés — frères et sœurs —,
3) ordre des ascendants ordinaires,
4) le conjoint survivant,
5) ordre des collatéraux ordinaires.

N.B. : le conjoint survivant ne peut constituer un ordre à lui seul. Cependant, il succède en pleine propriété quand ne subsistent que les collatéraux ordinaires, d'où, par simplification, la quatrième place attribuée dans la hiérarchie.

b) A l'intérieur de chaque ordre d'héritiers, c'est celui qui est du degré le plus proche qui recevra la succession. D'où la notion « d'héritier au degré utile ».

La définition du degré est donnée par l'article 735 du Code Civil : « la proximité de parenté s'établit par le nombre de générations, chaque génération s'appelle un degré ». Les articles 736 et suivants du Code Civil définissent la ligne comme une suite des degrés, directe ou indirecte, ascendante ou descendante. Le mode de calcul est également précisé par la loi (cf. *infra* section I, § 4).

B. Le principe d'égalité

Lorsque existent plusieurs héritiers de même degré utile, ils arrivent à égalité à la succession et les droits de chacun sont appréciés par tête.

Ainsi, aucune discrimination n'est possible entre les héritiers, ce que confirme le Code Civil tant pour les descendants (*article 745 du Code Civil*) que les ascendants (*articles 746 et 748 du Code Civil*) ou les collatéraux (*articles 752 et 753 du Code Civil).*

N.B. : en raison de l'existence de l'ordre « mixte » que constitue le deuxième ordre où coexistent ascendants privilégiés et collatéraux privilégiés, le principe d'égalité se traduit de la façon suivante :

— 1/4 de la succession à chaque parent vivant,

— le reste (*par tête*) pour les frères et sœurs.

§ 2 — Egalité des souches : représentation

La règle de la proximité du degré pourrait conduire à une situation anormale qui exclurait par exemple la vocation héréditaire des membres d'une souche dont l'auteur serait prédécédé et qui, s'il avait vécu, aurait lui même succédé.

Afin d'éviter cette situation, le Code Civil, par la représentation, permet la dévolution par souche et organise l'égalité par tête au sein de chaque souche. Un tel correctif ne joue qu'au profit des descendants et des collatéraux privilégiés (*articles 741 et 742 du Code Civil*).

A. Mode de fonctionnement de la représentation

L'article 739 du Code Civil stipule : « la représentation est une fiction de la loi, dont l'effet est de faire entrer les représentants dans la place, dans le degré et dans les droits de représenté ».

a) A l'égard des descendants :

« La représentation a lieu à l'infini dans la ligne directe descendante » (*article 740 du Code Civil*). Par ailleurs, il est à noter que « la loi ne distingue pas, pour l'exercice de la représentation, entre la filiation légitime et la filiation naturelle » (*article 744 alinéa 3 du Code Civil*). Précisons qu'une jurisprudence constante établit que pour que joue la représentation, il faut pluralité de souches. Qu'ainsi les enfants d'un enfant unique prédécédé arrivent de leur propre chef à la succession de leur aïeul et non par représentation de leur parent.

Enfin, la chaîne de la représentation ne peut être rompue par indignité successorale ou par renonciation à ses droits successoraux (cf. *article 787 du Code Civil*).

b) A l'égard des collatéraux privilégiés :

« En ligne collatérale, la représentation est admise en faveur des enfants et descendants de frères et sœurs du défunt, soit qu'ils viennent concurremment avec des oncles ou tantes, soit que tous les frères ou sœurs du défunt étant prédécédés, la succession se trouve dévolue à leurs descendants en degrés égaux ou inégaux » (*article 742 du Code Civil*).

B. Effets de la représentation

L'effet principal de la représentation est de permettre au représentant de se prévaloir des droits de son auteur prédécédé. En conséquence, la représentation ne crée pas de droits pour les représentants : elle n'a pour effet que transmettre les droits successoraux qu'auraient eus le parent représenté s'il avait vécu.

C. Mode de détermination des droits par représentation

L'article 743 du Code Civil stipule : « dans tous les cas où la représentation est admise, le partage s'opère par souches (...) les membres de la même branche se partagent entre eux par tête ». Cette précision est importante car elle déterminera la quotité d'abattements fiscaux dont pourront se prévaloir les représentants lors de la liquidation des droits de succession (cf. *infra* 3e partie).

Le schéma suivant illustre sous une forme classique le mécanisme de la représentation.

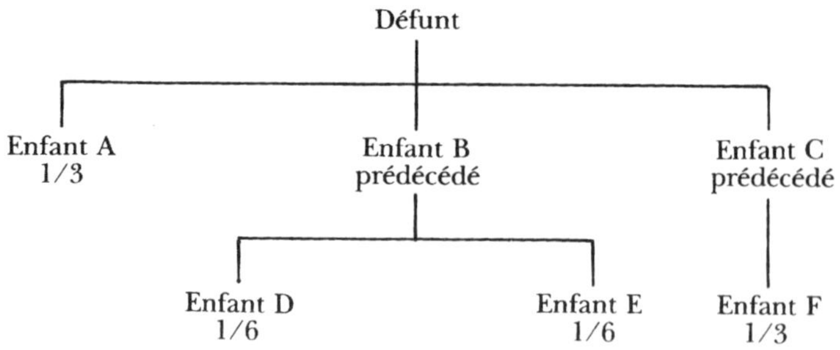

Dans ce cas de figure, D et E arrivent au degré utile à la succession du défunt par représentation de B.

§ 3 — Egalité des lignes : la fente

Le principe fondamental du lien de parenté peut être relativement facile à appréhender lorsque la succession est dévolue à des descendants. Par contre, dès lors que les ascendants interviennent à la succession, une complication naît de l'existence de deux lignes concourant à la dévolution (*ligne paternelle et ligne maternelle*). La question est de même nature pour les collatéraux car l'auteur commun qui détermine l'existence de la ligne collatérale est forcément un ascendant.

A. Mode de fonctionnement de la fente

L'article 733 du Code Civil indique : « toute succession échue à des ascendants ou à des collatéraux, qu'ils soient légitimes ou naturels, se divise en deux parts égales : l'une pour les parents de la ligne paternelle, l'autre pour les parents de la ligne maternelle ».

Contrairement à la représentation qui est infinie, la fente successorale n'est mise en œuvre qu'une seule fois afin de délimiter ce qui, dans la succession, rejoint la ligne paternelle ou maternelle.

Ce principe d'unique division par effet de la fente est exposé à l'article 734 du Code Civil qui précise par ailleurs le mécanisme d'attribution des biens : « ... la moitié dévolue à chaque ligne appartient à l'héritier ou aux héritiers les plus proches en degrés ».

a) Les ascendants

Une fois opérée la division, c'est l'ascendant au degré le plus proche qui recueille les biens dévolus à sa ligne. Il exclut toute autre personne et le partage se fait par tête s'il entre en concurrence avec un autre ascendant de même degré (cf. *article 746 du Code Civil*).

b) Le conjoint survivant

Ayant vocation héréditaire depuis 1957 — loi n° 57-379 du 26 mars 1957 — le conjoint survivant participe à la dévolution successorale avant les collatéraux ordinaires. Il a le quatrième ordre de priorité dans le classement hiérarchique et ce droit lui est reconnu par l'article 765 du Code Civil. Ainsi peut-il se prévaloir de droits en pleine priorité soit sur le tout s'il n'entre en compétition qu'avec les collatéraux ordinaires, soit sur la moitié si existent des parents au degré successible dans une ligne.

c) A l'égard des collatéraux ordinaires

Une fois opérée la division, le patrimoine est dévolu à l'héritier le plus proche en degré (*article 734 du Code Civil*) ou par tête en cas d'égalité de degré (*article 753 du Code Civil*).

N.B. : eu égard à l'éloignement relatif du lien de parenté avec le défunt, l'article 755 du Code Civil permet le passage des biens d'une ligne à l'autre, seule possibilité d'éviter que les biens dévolus par fente à une ligne vacante deviennent vacants.

B. Les effets de la fente

En l'absence de dispositions testamentaires, la fente opère, dans le cadre de la dévolution légale, une égalité des lignes à défaut de descendants. Elle permet également de protéger l'alliance au détriment de la parenté quand le lien de sang est distendu. C'est le cas de la préférence donnée aux ascendants d'une ligne, voire au conjoint sur les collatéraux ordinaires de l'autre.

C. Mode de détermination des droits par application de la fente

On a vu que lorsque la division est effectuée, la moitié de la succession appartient dans chaque ligne à l'héritier le plus proche en degré. Par ailleurs le Code Civil précise qu'à égalité de degré, le partage entre collatéraux s'effectue par tête.

— Cas particulier des frères et sœurs germains, utérins et consanguins.

Sont germains les frères et sœurs issus des mêmes parents, utérins ceux nés de la même mère et consanguins ceux qui ont un père commun. La mise en œuvre de la fente entraîne pour la dévolution à leur profit un mode de détermination particulier, étant rappelé le principe d'égalité entre enfants dont ils bénéficient.

Le mode de calcul spécifique applicable est donné par l'article 752 du Code Civil :

a) Principe

— A défaut de descendants, on considère que les frères et sœurs du défunt n'ont des droits dans la succession que par moitié dans chaque ligne. Ainsi, pour la part revenant aux collatéraux privilégiés, les frères et sœurs germains prennent part dans les deux lignes alors que les consanguins ou utérins ne participent que pour la ligne à laquelle ils sont rattachés.

— En cas de remariage, s'il n'y a de frères et sœurs que dans une ligne, ils excluent les parents de l'autre ligne.

b) Illustration

Les schémas suivants permettent de comprendre l'application de la fente lorsque interviennent des collatéraux privilégiés.

— cas des frères et/ou sœurs germains en présence des père et mère du défunt.

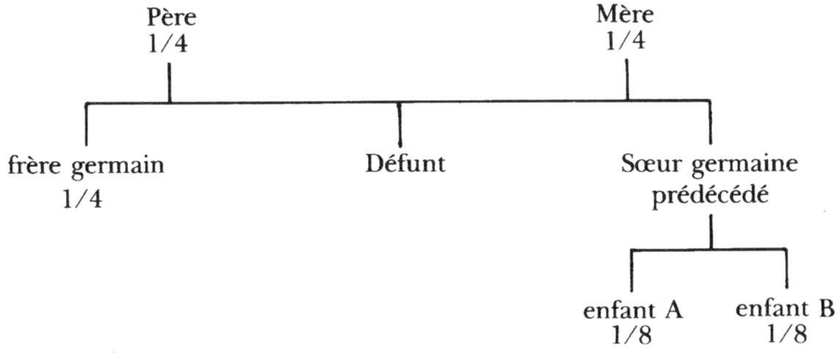

— cas des frères et/ou sœurs germains en présence d'un seul parent du défunt.

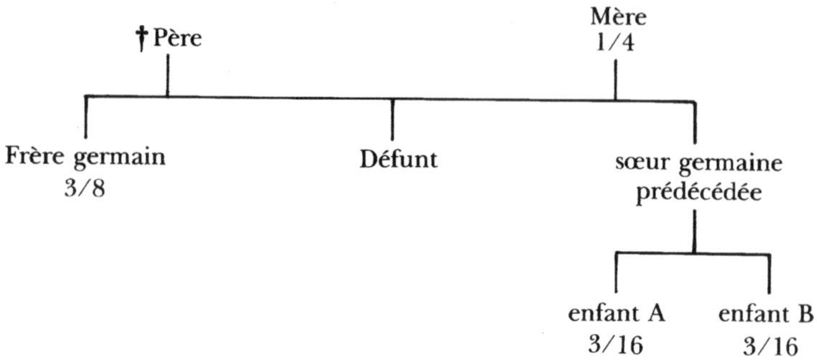

— cas des frères et sœurs germains et consanguins en présence des parents du défunt.

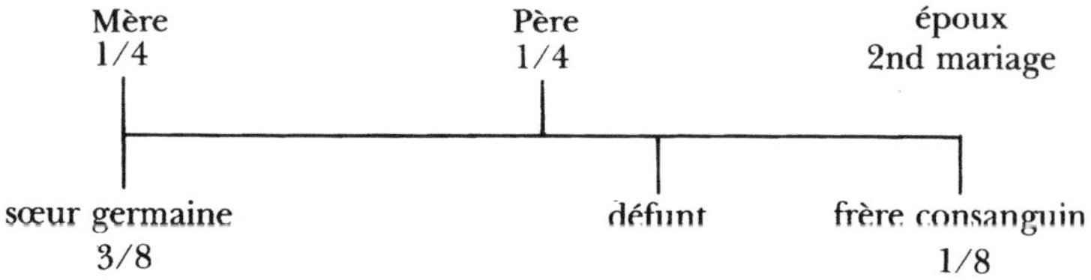

— cas des frères et/ou sœurs utérins en présence des parents du défunt.

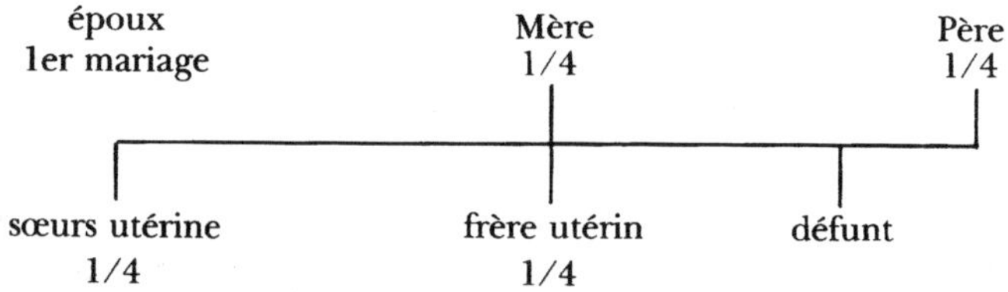

§ 4 — Représentations synoptiques de la dévolution légale

Les présentations suivantes illustrent de façon classique les principaux cas posés par la dévolution légale dont les principes essentiels ont été exposés précédemment.

A. Ordre, ligne, représentation, fente

Voir tableau ci-après.

Tableau généalogique synoptique

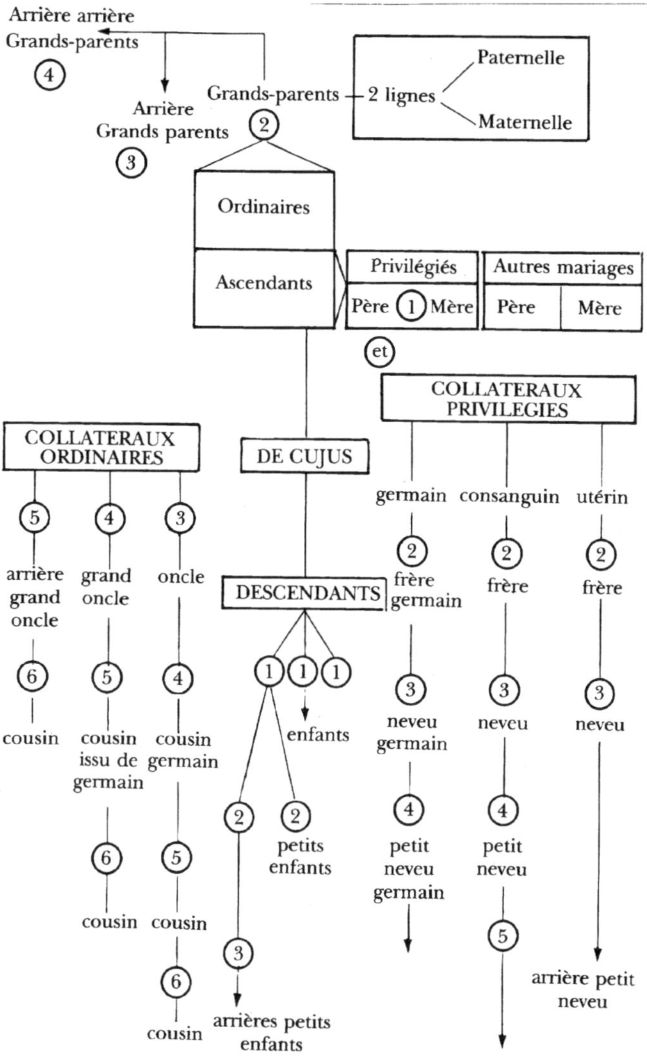

N.B. :

— la représentation est infinie (*article 740 et 742 du Code Civil*),

— la fente, qui consiste à diviser la succession par ligne ne s'effectue qu'une seule fois (*article 734 du Code Civil*),

— pour les collatéraux ordinaires au delà du sixième degré pas de succession sauf exceptions de l'article 765 du Code Civil (*frères et sœurs du défunt*).

— les chiffres cerclés indiquent le degré de parenté avec le de-cujus (*défunt*).

B. Divers cas de dévolution

Les schémas suivants illustrent les cas les plus fréquents. Pour la dévolution aux collatéraux privilégiés, voir *supra* paragraphe 3.

— principe d'égalité et représentation : dévolution au premier ordre :

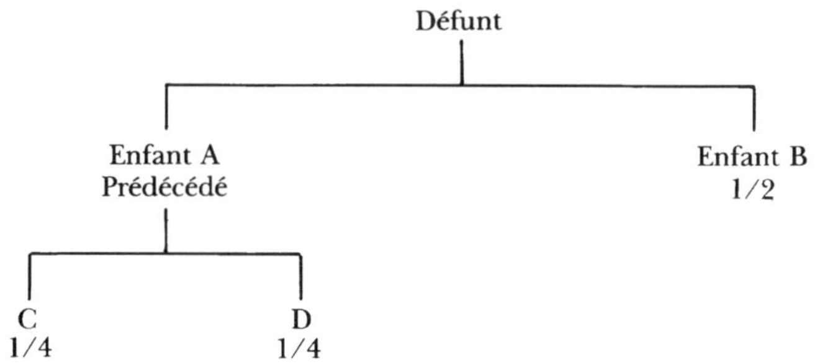

— principe d'égalité, fente et représentation : dévolution au deuxième ordre :

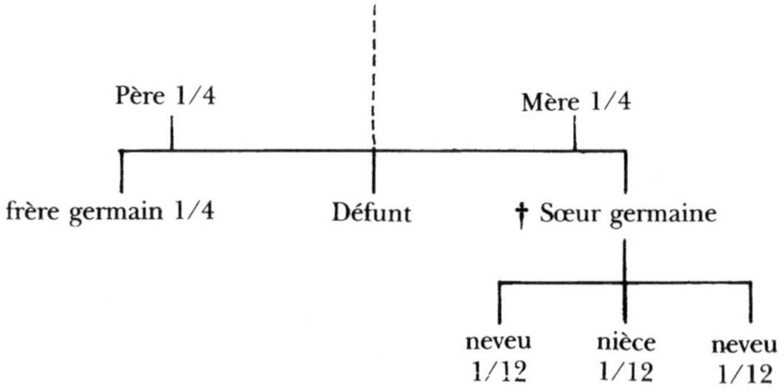

— la fente successorale : application à la dévolution au troisième ordre :

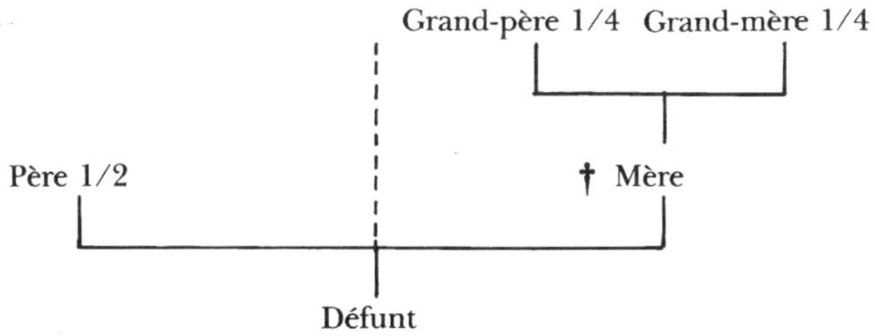

— intervention du conjoint en toute propriété : présence d'ascendant ordinaire :

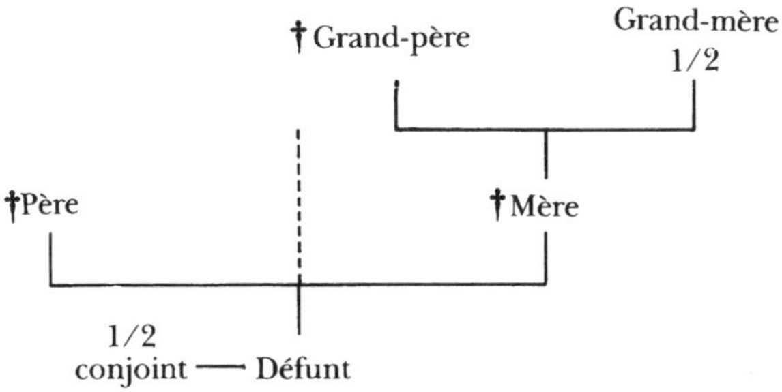

N.B. : solution identique dans le cas où la ligne paternelle comprendrait seulement des collatéraux ordinaires.

— intervention du conjoint en toute propriété : présence de collatéraux ordinaires :

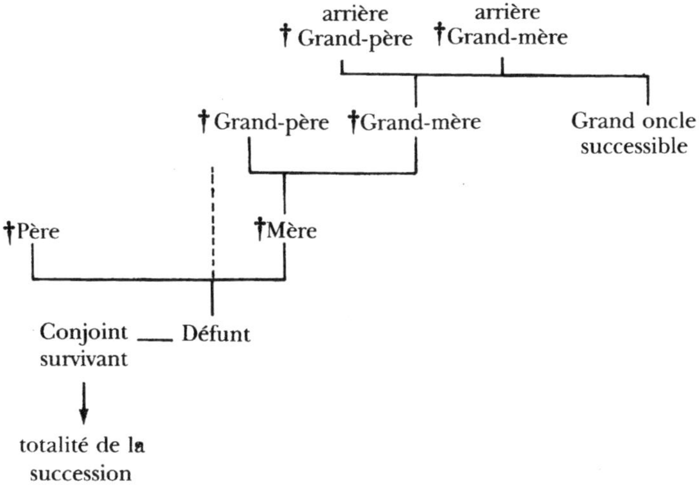

— attribution aux collatéraux ordinaires :

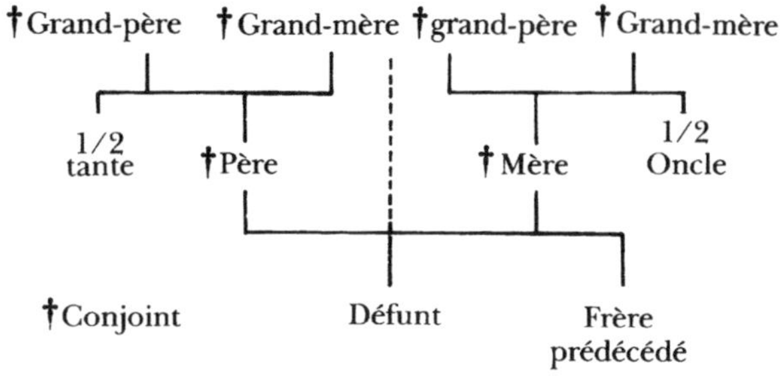

N.B. : — En cas d'absence de parent dans une ligne, le collatéral ordinaire utile dans l'autre ligne recueille la totalité de la succession.

— Au delà du sixième degré ; la succession est acquise à l'Etat pour le tout (*article 755 et 768 du Code Civil*).

SECTION 2
Les successions testamentaires

Les règles de la dévolution légale ne s'appliquent qu'à défaut. Le défunt peut avoir exprimé sa volonté pour la répartition de ses biens par voie testamentaire.

§ 1 — Définitions

— Testament : « Le testament est un acte par lequel le testateur dispose, pour le temps où il n'existera plus, de tout ou partie de ses biens et qu'il peut révoquer » (*article 895 du Code Civil*).

— Testament « Olographe » : testament écrit de la main du testateur.

— Testament « par acte public » : testament authentique par l'intervention d'un (*ou deux*) notaire.

— Testament « mystique » : testament remis en présence de témoins à un notaire mais tenu secret quant au contenu jusqu'au décès du testateur.

§ 2 — Conditions de validité des testaments

A. Testament olographe

L'article 970 du code Civil précise que, pour être valable, le testament olographe doit être écrit de la main du testateur, sans autre condition de forme.

B. Testament par acte public

* L'article 971 du Code Civil indique la présence obligatoire de deux notaires ou, à défaut, d'un notaire et de deux témoins. Le rôle des témoins, dans ce cas est très important car ils assistent le notaire pendant la totalité de son intervention.

* Intervention du notaire : L'officier ministériel requis par le testateur doit (*en présence du second notaire ou des témoins instrumentaires*) recevoir la dictée des volontés, donner lecture de la transcription au testateur, puis signer l'acte. Il doit ensuite signer le testament et le faire consigner par le second notaire ou les témoins. L'acte authentique doit contenir « mention expresse » du tout afin de pouvoir fournir la preuve ultérieure du respect des conditions légales.

C. Testament mystique

l'article 976 du Code Civil établit une liste rigoureuse de conditions de forme et de fond dont la principale est la remise à un notaire d'un pli scellé et cacheté contenant par écrit l'expression des dernières volontés du testateur. Le tout devant être fait devant témoins.

§ 3 — Incidences des conditions de validité

A. Nullité des legs verbaux

Un testament est obligatoirement un acte rédigé soit par le testateur soit par les notaires requis. Les conditions légales excluent donc en principe tout testament ou legs effectué en la forme verbale. Toutefois, la jurisprudence de la Cour de Cassation admet exceptionnellement la validité des legs verbaux et leur opposabilité à l'administration fiscale dès lors que les successibles reconnaissent la volonté du défunt, même non écrite, et renoncent expressément et de façon définitive à poursuivre le légataire institué verbalement par quelque action ultérieure. On considère dans ce cas qu'il y a transmission par décès et non mutation à titre gratuit (*donation*) effectuée par les successibles qui se déssaisissent d'un bien au profit du légataire verbalement désigné par le défunt.

B. Pluralité de testaments

L'article 1035 du Code Civil indique qu'un testament peut-être révoqué notamment par testament postérieur.

A défaut d'indication expresse portant révocation de dispositions antérieures, le testament le plus récent annule les plus anciens. Mais cette annulation ne joue qu'à l'égard des dispositions anciennes incompatibles ou contraires aux nouvelles.

§ 4 — Les legs *(articles 1002 et suivants du Code Civil)*

Le legs est le contenu du testament se rapportant à la transmission des biens ayant composé le patrimoine du défunt. Le legs — ou « institution d'héritier » — peut, selon la Loi Civile, prendre trois formes différentes suivant les volontés du testateur.

A. Le legs universel

Défini à l'article 1003 du Code Civil, « le legs universel est la disposition testamentaire par laquelle le testateur donne à une ou plusieurs personnes l'universalité des biens qu'il laissera à son décès ».

La jurisprudence de la Cour de Cassation apporte la précision suivante :

la nature d'un legs universel est déterminée non par ce que le légataire reçoit mais par ce que le testament lui donne vocation à recevoir (*Cour de Cassation, 1er Ch. Civile du 25 mars 1981*).

Ainsi plusieurs légataires universels peuvent être institués par le testament. Chacun aura vocation à recevoir l'universalité des biens composant le patrimoine du défunt.

Le schéma suivant illustre cette caractéristique des legs universels.

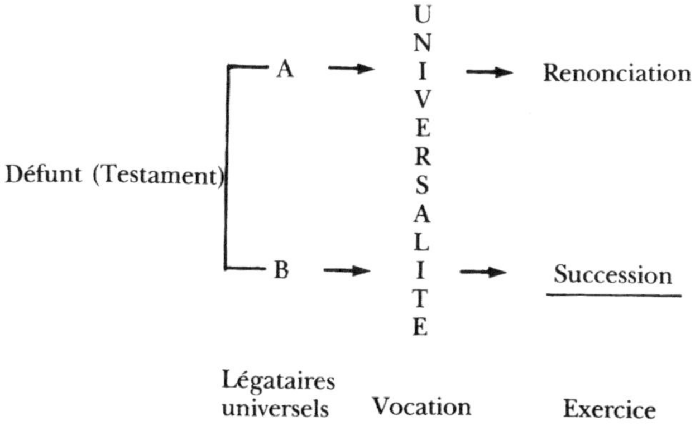

L'un des légataires universels peut soit renoncer soit décéder soit ne plus pouvoir bénéficier du legs (*divorce*). Sa part s'ajoute à celle de ses colégataires universels (cf. *article 1044 du Code Civil*).

B. Le legs à titre universel

Défini par l'article 1010 du Code Civil, « le legs à titre universel est celui par lequel le testateur lègue une quote-part des biens dont la Loi lui permet de disposer... ».

Ainsi, ce qui importe pour qualifier un legs à titre universel, c'est la vocation du légataire. A cet égard, le legs à titre universel diffère du legs universel en ce sens que la vocation du légataire institué ne porte que sur une partie des biens du défunt, non sur l'universalité de celui-ci.

C. Le legs à titre particulier

Cette dernière catégorie n'est définie que par défaut par l'article 1010 du Code Civil qui stipule que « ...tout autre legs ne forme qu'une disposition à titre particulier ». Ainsi, lorsqu'il porte sur un bien ou une série de biens déterminés, le legs est un legs consenti à titre particulier.

§ 5 — Validité des dispositions testamentaires

Outre les conditions de forme dont la non observation entraîne nullité du testament, la Loi Civile oblige le testateur à respecter certaines conditions de fond mettant en jeu soit les biens, soit les personnes.

A. Conditions touchant les biens

Le principe retenu par le législateur est le suivant : le bien doit être la propriété du testateur au moment du décès. A défaut, la disposition testamentaire est révoquée de plein droit.

Il en va ainsi lorsque le legs porte sur la « chose d'autrui » : « lorsque le testateur aura légué la chose d'autrui, le legs sera nul, soit que le testateur ait connu ou non qu'elle ne lui appartenait pas ». Dans ce cas, la nullité est encourue car le testateur n'a aucun droit sur la chose léguée. (cf. *article 1021 du Code Civil*).

Il en va de même quand le legs porte sur un bien aliéné au moment du décès du testateur. « Toute aliénation... emportera la révocation du legs pour tout ce qui aura été aliéné... » (*article 1038 du Code Civil*).

La même solution vaut lorsque la chose a péri (*article 1042 du Code Civil*).

B. Conditions touchant les bénéficiaires du legs

De façon générale, le légataire doit être une personne capable — au sens civil du terme — de recevoir à titre gratuit (cf. *articles 902 et suivants du Code Civil*). Il devra également être en mesure de recueillir le bien légué (*article 1043 du Code Civil*).

Le légataire, en outre, doit être clairement désigné. Une désignation inexacte, incomplète ou imprécise du légataire institué ne peut qu'entraîner une situation contentieuse dès lors que la nullité peut être invoquée par des héritiers évincés par testament.

Toutefois, la désignation du bénéficiaire du testament peut être indirecte ou implicite et il appartient au juge d'interpréter la volonté du testateur si la disposition est mise en cause par un tiers.

Enfin, le légataire institué doit avoir « survécu au testateur » au sens de l'article 1039 du Code Civil. La représentation ne joue pas en faveur des descendants du légataire institué prédécédé.

C. Testaments assortis d'une clause valant condition (suspensive ou résolutoire)

Un legs peut être affecté d'une condition suspensive ou résolutoire sans pour autant être entaché de nullité.

Il faut cependant noter que la Loi dispose que lorsque le testament est fait en incluant un terme attaché au legs, la nullité frappe la disposition si le légataire décède avant l'accomplissement de la condition (*article 1040 du Code Civil*). Par contre dans le cas d'une condition suspensive, le droit du légataire est transmissible à ses propres héritiers (*article 1041 du Code Civil*).

SECTION 3

Protection de certains héritiers : réserve et quotité disponible

A défaut de protection, les dispositions d'un testament pourraient conduire à priver les héritiers de leurs droits au profit de tiers. Toute autre hypothèse est possible dans ce domaine. Ainsi, un légataire institué pourrait être destinataire d'une quotité de biens successoraux ayant pour effet de battre en brèche le principe d'égalité. Un enfant pourrait être préféré aux autres et recevoir par testament ce qui devrait théoriquement revenir a ses frères et sœurs...

Le Code Civil fournit une réponse dont l'application est d'ordre public : certains héritiers ont droit à une quote part déterminée dans la succession du défunt. Seul le surplus peut faire l'objet de libéralités (*du vivant du défunt*) ou de legs (*testament*). C'est le mécanisme de la « quotité disponible ». A contrario et bien que le Code Civil ne connaisse que la « portion disponible », une portion de biens est « réservée » à certains héritiers et/ou au conjoint survivant. On utilisera alors la terminologie de « quotité ordinaire » ou de « quotité spéciale ».

§ 1 — Le principe de la quotité disponible

A. La quotité ordinaire

La Loi réserve une portion de biens de la succession au profit des parents désignés par la proximité de leur lien de parenté avec le défunt. Sont ici visés les descendants et les ascendants ordinaires (*ordinaires et/ou privilégiés*). Toutefois, les héritiers « réservataires » doivent venir effectivement à la succession pour bénéficier du mécanisme légal.

Ainsi, seront réservataires les ascendants ou les descendants quand ils seront appelés et accepteront la succession selon l'application des règles de la dévolution légale (voir successions *ab intestat*).

Pour simplifier, il est possible de retenir que les héritiers réservataires sont les parents en ligne directe au degré successible et qui participent effectivement à la succession.

L'intérêt de la réserve héréditaire ne vaut qu'en présence de libéralité ou de testament consenti par le défunt à une personne autre que le conjoint. Les héritiers réservataires pourront obtenir par l'action en réduction de legs ou de libéralité, le rétablissement de leurs droits lorsque le donataire ou l'héritier institué aura reçu une portion de biens excédant le disponible, c'est à dire lorsque le défunt aura disposé au profit de tiers plus que ce que lui permettait la Loi en présence d'héritiers réservataires.

B. Détermination de la portion disponible

Le tableau suivant résume l'essentiel des règles édictées par le Code Civil.

PRÉSENCE D'HÉRITIERS RÉSERVATAIRES		DROITS EN TOUTE PROPRIÉTÉ	
		Portion Disponible	Réserve
	Descendants		
art. 913 Code Civil	- Un enfant	1/2	1/2
	- Deux enfants	1/3	2/3
	- Trois enfants et plus	1/4	3/4
	Ascendants		
art 914 Code Civil	- Dans les deux lignes	1/2	1/2
	- Dans une seule ligne	3/4	1/4
art 916 Code Civil	Défaut d'héritier réservataire	la totalité des biens	

N.B. : a) Les droits de l'enfant adultérin sont réduits de moitié par l'article 915 du Code Civil mais cette réduction ne fait qu'accroître la part réservataire des autres enfants sans modifier les quotités de l'article 913 du Code Civil.

b) Lorsque succèdent les ascendants privilégiés et les collatéraux privilégiés (*2e ordre de la dévolution légale*), la réserve ne joue qu'au profit des ascendants privilégiés. Ainsi la part des ascendants privilégiés est elle garantie au détriment de celle des collatéraux privilégiés.

§ 2 — La quotité spéciale entre époux

Les droits reconnus au conjoint dans le cadre de la dévolution légale sont réduits en présence de descendants ou d'ascendants (voir *supra*). Le Code Civil permet cependant de tempérer les effets de la dévolution « ab intestat » par la mise en jeu de dispositions spéciales qu'un époux peut consentir à son conjoint. A cet effet, l'article 1094 du Code Civil précise : « L'époux, soit par contrat de mariage, soit pendant le mariage, pourra, pour le cas où il ne laisserait point d'enfant ni de descendant légitime ou naturel, disposer en faveur de l'autre époux... ». L'article 1094-1 du Code Civil complète le dispositif en cas de descendance.

« Pour le cas ou l'époux laisserait des enfants ou descendants soit légitimes... soit naturels, il pourra disposer en faveur de l'autre époux... ». Les libéralités doivent obéir toutefois à des règles spécifiques déterminant la quotité spéciale.

Le tableau suivant résume l'essentiel des modalités d'application de la quotité spéciale entre époux :

PRESENCE D'ASCENDANTS ET/OU DE DESCENDANTS		PORTION DISPONIBLE			RESERVE	
		Propriété	Usufruit	Nue-Propriété	Usufruit	Nue-Propriété
	Descendants					
art. 1094-1 Code Civil	1) Quotité de l'art. 913 du C.C	Voir le tableau précédent				
	2)	1/4	3/4			3/4
Options possibles	3)		totalité			totalité
	Ascendants					
art. 1094	- Dans les deux lignes	1/2		1/2	1/2	
	- Dans une seule ligne	3/4		1/4	1/4	

N.B. : a) L'option en présence de descendants a un caractère personnel. Seul, en principe, l'époux peut donc opter pour une des solutions de l'article 1094-1 du Code Civil. L'option doit être enregistrée dans les 3 mois du décès.

b) En présence d'enfants naturels d'un autre lit ou d'enfants adultérins, la Loi a prévu des dispositions de tempérament (cf. *article 1097 et suivants du Code Civil*).

§ 3 — Combinaison des deux quotités

L'intérêt principal de l'existence des quotités disponibles trouve sa source, on le rappelle, dans la possibilité que le défunt ait gratifié certaines personnes au delà de ce que lui permettait la Loi. Ainsi a-t-il pu porter atteinte par ses libéralités au droit des héritiers réservataires. Ces derniers peuvent dès lors obtenir la réduction des libéralités au montant de la quotité disponible.

L'action en réduction ne sera pas ici abordée. Il convient cependant de préciser qu'elle organise un principe d'antériorité en cas de libéralités successives, ce qui peut modifier l'exercice de ses droits par le conjoint survivant selon qu'il est ou non le plus récent gratifié (cf. *article 920 et suivants du Code civil*).

Par ailleurs les principes suivants sont applicables :

— une même personne ne peut cumuler le bénéfice de deux quotités ;

— en cas de libéralités consenties au profit du conjoint, la limite maximale des quotités disponibles possibles est donnée par la quotité spéciale entre époux ;

— aucun bénéficiaire ne peut prétendre à une autre quotité que celle le concernant (*exemple : la quotité spéciale ne joue qu'au profit de l'époux*).

§ 4 — Calcul de la quotité disponible

La difficulté d'application de la quotité disponible provient de la date à laquelle se situe la naissance du droit des héritiers réservataires. En effet, le défunt peut s'être dépouillé irrévocablement de son patrimoine sa vie durant par le jeu des libéralités. Le seul contrôle du respect de la quotité disponible ne peut être mis en œuvre qu'au décès.

Aussi, le Code Civil organise-t-il un mode de détermination spécifique. L'objet du calcul défini par les articles 922 et suivants est de permettre aux héritiers réservataires d'exercer — et eux seuls — une action destinée à recouvrer leurs droits successoraux par réduction des libéralités excédentaires.

Le principe repose sur une fiction de la Loi qui stipule : « la réduction se détermine en formant une masse de tous les biens existant au décès du donateur ou du testateur ».

On y réunit fictivement, après en avoir déduit les dettes, ceux dont il a été disposé par donation entre vifs d'après leur état à l'époque de la donation et leur valeur à l'ouverture de la succession. Si les biens ont été aliénés, il est tenu compte de leur valeur à l'époque de l'aliénation et, s'il y a eu subrogation, de la valeur des nouveaux biens au jour de l'ouverture de la succession.

On calcule sur tous ces biens, eu égard à la qualité des héritiers qu'il laisse, quelle est la quotité dont le défunt a pu disposer.

§ 5 — Incidence de l'existence d'héritiers réservataires

La présence des héritiers réservataires aura deux grandes incidences pour les légataires. L'une touche au montant du legs. C'est l'effet de la quotité disponible qui aboutira éventuellement à la caducité des dispositions testamentaires (cf. *article 925 du Code Civil*).

L'héritier réservataire pourra, selon qu'il renonce ou non à l'action en réduction, laisser en l'état les dispositions testamentaires. Il ne s'agit pas de mettre en cause les dernières volontés exprimées par le défunt mais de protéger le patrimoine dans la parentèle. Ce mécanisme légal est d'ordre public.

La seconde conséquence de l'existence d'héritiers réservataires intéresse les modalités de prise de possession des legs par les légataires.

A. *Obligation de demande de délivrance*

La Loi fait obligation aux légataires de demander délivrance de leur legs par les héritiers réservataires. Cette obligation vaut aussi bien pour les legs universels, à titre universel que ceux instituant des légataires à titre particulier.

Ainsi, le Code Civil précise :

— article 1004 : « lorsqu'au décès du testateur, il y a des héritiers auxquels une quotité de ses biens est réservée par la loi, ces héritiers sont saisis de plein droit, par sa mort, de tous les biens de la succession et le légataire est tenu de leur demander la délivrance des biens compris dans le testament » ;

— article 1011 : « Les légataires à titre universel seront tenus de demander la délivrance aux héritiers auxquels une quotité des biens est réservée par la Loi... » ;

— article 1014 : »...le légataire particulier ne pourra se mettre en possession de la chose léguée... qu'à compter du jour de sa demande en délivrance... ou du jour où cette délivrance lui aurait été volontairement consentie ».

B. Ordre de priorité

La demande en délivrance de legs doit être faite aux personnes énoncées par le Code Civil et selon l'ordre de priorité décroissant défini par l'article 1011 :

— héritiers réservataires ;

— légataires universels ;

— héritiers légitimes (*successions ab intestat*).

Il en résulte qu'à défaut d'héritiers réservataires, le légataire universel est saisi de plein droit des biens composant la succession. Toutefois, sauf le cas d'un testament authentique, le légataire sera tenu de se faire envoyer en possession par ordonnance du Président du Tribunal de Grande Instance du lieu d'ouverture de la succession.

SECTION 4
Les droits du conjoint survivant

Le conjoint survivant ne bénéficie d'une quotité spéciale en cas de donation entre époux, que par suite des droits réduits qu'il détient dans la succession de l'époux prédécédé. En effet, la vocation héréditaire du conjoint survivant, évoquée lors de l'exposé des règles de la dévolution légale (cf. *supra*), ne trouve à s'appliquer qu'en présence de collatéraux ordinaires et/ou en absence de successibles dans une ligne.

Au cas où le défunt a laissé des descendants, des ascendants ou des collatéraux privilégiés, il n'a qu'une vocation à recueillir une portion de biens en usufruit.

§ 1 — Le principe posé par l'article 767 du Code Civil : les droits du conjoint survivant

Quand il est primé par d'autres héritiers, le conjoint n'a qu'un droit en usufruit variable selon le lien de parenté entre les héritiers et le défunt.

Le tableau suivant récapitule les principes du Code Civil.

HERITIERS AU DEGRE UTILE		DROITS EN USUFRUIT DU CONJOINT SURVIVANT
Descendants :	- Enfants non adultérins du défunt	1/4 en usufruit
	- Enfants adultérins du défunt	1/2 en usufruit
Ascendants et/ou collatéraux privilégiés		1/2 en usufruit
Ascendants ordinaires dans les deux lignes		1/2 en usufruit

N.B. :

* le lien de mariage devra avoir persisté jusqu'au jour d'ouverture de la succession.

** les droits des enfants adultérins sont réduits par la Loi Civile qui peut même conférer au conjoint survivant un droit de propriété sur la moitié de la succession (cf. *article 759 du Code Civil*).

§ 2 — L'étendue des droits du conjoint survivant : masse d'exercice, masse de calcul

Le droit en usufruit du conjoint survivant se calcule sur une masse fictive de biens définis par l'article 767 alinéa 3 du Code Civil :

Masse de calcul = biens existant au décès + libéralités au profit de successibles.

Les libéralités inclues fictivement dans la masse de calcul s'entendent de toutes les donations consenties antérieurement au décès et des dispositions testamentaires au profit de successibles. Par ailleurs, pour être adjointes à la masse de calcul de l'usufruit du conjoint, les donations antérieures doivent avoir été faites sans dispense de rapport (cf. *infra* 3e partie).

§ 3 — La réalité des droits du conjoint : masse d'exercice

Une fois définis ses droits théoriques en usufruit, la question se pose de savoir sur quels biens le conjoint exercera son usufruit légal.

L'article 767 du Code Civil précise : « Mais l'époux survivant ne pourra exercer son droit que sur les biens dont le prédécédé n'aura disposé ni par acte entre vifs, ni par acte testamentaire, et sans préjudicier aux droits de réserve ni aux droits de retour ».

Ainsi, le droit en usufruit du conjoint ne peut s'exercer que sur les biens existant au décès, déduction faite de la réserve héréditaires et de l'exercice d'éventuels droits de retour (*légaux et/ou conventionnels*)

Enfin, il convient de préciser qu'au cas où le conjoint survivant aurait déjà reçu de son époux prédécédé des libéralités, ces dernières viendraient en déduction du montant de l'usufruit légal.

Pour conclure hâtivement, signalons que l'exercice des droits en usufruit du conjoint est réduit à néant lorsque le défunt avait institué un légataire universel. Cette question est souvent à l'origine de difficultés importantes notamment en matière de solidarité au paiement des droits de succession (cf. *infra* 3e partie),le conjoint n'ayant pas la qualité d'héritier réservataire.

Appendice

CONCLUSION SUR L'APERÇU DES RÈGLES CIVILES

L'aperçu sommaire des règles civiles montre la complexité du droit des successions. Le droit fiscal, en la matière, conserve une autonomie très réduite. Ce qui signifie que l'application de la Loi fiscale aux successions est déterminée par l'analyse civile de la dévolution successorale.

Précisons ici pour mémoire que la transmission d'un patrimoine par décès (*légale ou testamentaire*) ne s'impose jamais à son bénéficiaire désigné. Le successible a toujours la possibilité d'accepter purement et simplement la succession, de l'accepter sous bénéfice d'inventaire ou de renoncer expressément (*article 774 et suivants du Code Civil*).

Deuxième Partie

LES RÈGLES FISCALES APPLICABLES AUX SUCCESSIONS

Le droit fiscal est tributaire du droit civil, notamment pour ce qui concerne les mécanismes de la dévolution successorale. La loi fiscale précise cependant les modalités de calcul de l'assiette des droits de succession et les limites des valeurs passives admises en déduction. Aussi aborderons nous les règles relatives à l'actif de succession (chapitre 1) avant d'analyser ce qui pourra être déduit au passif (chapitre 2) en faisant référence aux prescriptions du Code Général des Impôts.

Chapitre 1

L'ACTIF DE SUCCESSION

Tous les biens appartenant au défunt doivent être inscrits à l'actif de la déclaration de succession.

Cette règle est donnée par l'article 750 ter du Code Général des Impôts aux termes duquel :

« Sont soumis aux droits de mutation à titre gratuit :

1° Les biens meubles et immeubles situés en France ou hors de France, et notamment les fonds publics, parts d'intérêts, créances et généralement toutes les valeurs mobilières françaises ou étrangères de quelque nature qu'elles soient, lorsque le donateur ou le défunt a son domicile fiscal en France au sens de l'article 4 B.

2° Les biens meubles et immeubles situés en France et notamment les fonds publics français, parts d'intérêts, créances et valeurs mobilières françaises lorsque le donateur ou le défunt n'a pas son domicile fiscal en France au sens de l'article précité.

Sont considérés comme françaises les créances sur un débiteur qui est établi en France ou qui y a son domicile fiscal au sens du même article ainsi que les valeurs mobilières émises par l'Etat Français, une personne morale de droit public français ou une société qui a en France son siège social statutaire ou le siège de direction effective.

Sont également considérés comme françaises les actions et parts de sociétés ou personnes morales non côtées en bourse dont le siège est situé hors de France et dont l'actif est principalement constitué d'immeubles ou de droits immobiliers situés sur le territoire français, et ce à proportion de la valeur de ces biens par rapport à l'actif total de la société. Pour l'application de cette disposition ne sont pas pris en considération les immeubles situés sur le territoire français, affectés par la société à sa propre exploitation industrielle, commerciale, agricole ou à l'exercice d'une profession non commerciale ».

Avant d'établir la liste des biens taxables, l'analyse de certaines règles est obligatoire. Les droits ne sont perçus que si territorialement la mutation entre dans le champ d'application des droits de mutation par décès. Ils sont perçus sur les biens composant l'hérédité du défunt selon des règles d'assiette précises.

SECTION 1
Les principes de territorialité

Pendant longtemps, l'impôt de mutation par décès ne frappait que les biens du défunt situés en France. Le domicile de la personne n'exerçait aucune influence. La loi du 29 décembre 1976 codifiée sous l'article 750 ter du Code Général des Impôts a modifié les règles de territorialité.

Désormais selon que le défunt est ou non domicilié fiscalement en France seront taxés les biens français ou étrangers.

§ 1 — La détermination du domicile fiscal du défunt

Pour le paiement des droits de mutation par décès, la définition du domicile fiscal est identique à celle retenue par l'article 4 B du Code Général des Impôts en matière d'impôt sur le revenu.

Aux termes de cet article doivent être considérées comme ayant leur domicile fiscal en France :

— Les personnes françaises ou étrangères qui ont en France leur foyer ou le lieu de leur séjour principal.

En général doivent être considérés comme ayant en France le lieu de leur séjour principal les redevables qui y séjournent pendant plus de six mois au cours d'une année donnée.

— Celles qui exercent en France une activité professionnelle, salariée ou non, à moins qu'elles ne justifient que cette activité y est exercée à titre accessoire.

Lorsque le redevable exerce simultanément plusieurs professions ou la même profession dans plusieurs pays, il est considéré comme fiscalement domicilié en France s'il y exerce son activité principale, c'est-à-dire celle pour laquelle il consacre le principal de son temps ou dont il tire l'essentiel de ses revenus.

— Celles qui ont en France le centre de leurs intérêts économiques.

L'existence d'un seul de ces critères suffit pour domicilier fiscalement une personne en France. Dans ce cas, l'ensemble de ses biens situés en France ou hors de France sont assujettis aux droits de mutation par décès. Dans le cas contraire, seuls sont taxables les biens situés en France.

§ 2 — Les biens soumis aux droits de mutation à titre gratuit

La définition du domicile fiscal du défunt déterminera les biens à soumettre aux droits de mutation par décès.

Si le défunt est considéré comme fiscalement domicilié en France, seront taxés les biens français et étrangers.

Au contraire si le défunt est considéré avoir son domicile fiscal hors de France, seuls seront taxés les biens situés en France.

A. Les biens situés en France

Les biens situés en France sont ceux qui ont leur assise matérielle en France (*immeubles, meubles corporels, certains meubles incorporels comme les fonds de commerce*).

Pour certains cas particuliers, le législateur a considérés français les biens suivants :

— Les créances sur un débiteur domicilié en France.

— Les valeurs mobilières émises par l'Etat français ou par une personne morale de droit public français.

— Les actions et parts de certaines sociétés ou personnes morales non cotées en bourse (*article 797 A*).

B. Biens situés hors de France

Ce sont ceux qui ont leur assise matérielle hors de France ou qui ne sont pas considérés comme français par l'article 750 ter.

SECTION 2
Détermination des biens appartenant au défunt

Sont soumis aux droits de mutation à titre gratuit, tous les biens appartenant au défunt. La preuve du droit de propriété résulte des règles admises généralement en droit commun. Des règles spécifiques au droit fiscal ont instauré des présomptions fiscales de propriété.

§ 1 — La preuve du droit de propriété des biens du défunt

Pour administrer la preuve du droit de propriété, l'existence d'un titre est en principe indispensable.

A. Obligation de l'existence du titre

Sont assujettis aux droits de mutation à titre gratuit tous les biens qui, aux yeux des tiers, font partie de l'hérédité du défunt en vertu des clauses formelles des titres qui confèrent l'apparence de la propriété. Sont alors considérés comme dépendant de la succession du défunt tous les titres nominatifs immatriculés à son nom et toutes les créances dont les titres constitutifs le désignent comme titulaire.

La jurisprudence a toujours validé les actes de mutation entraînant transmission véritable ou qui opéraient un déplacement dans la propriété apparente des biens.

Cassation Civile 9 avril 1966 et Requête 22 février 1962.

Le Code Civil a, vis-à-vis des tiers, interdit les effets des contre-lettres conclues par les parties (*article 1321 du Code Civil*).

En conséquence, les biens acquis par un prête-nom sont censés lui appartenir (*Cassation Ch. Civile 21 Août 1876*) et doivent être compris dans sa déclaration de succession. Par contre les biens acquis par un porte-fort ne font pas partie de son hérédité lorsque l'acquisition a été ratifiée par le tiers avant le décès.

Dans certains cas, le titre n'est pas obligatoire pour prouver le droit de propriété.

B. Dispense de l'obligation d'un titre

Le droit de propriété peut ne pas procéder de l'existence d'un titre. Le simple exercice de l'action possessive peut conférer la qualité de propriétaire. Le fondement de cette qualité repose sur une présomption civile ou fiscale.

a) L'apport du droit civil dispense le possesseur du bien meuble de l'obligation de la présentation du titre de propriété.

L'article 2279 du Code Civil stipule :

« en matière de meubles possession vaut titre ». Possession et droit de propriété sont étroitement liés puisque la loi présume que le possesseur a été mis en possession en vertu d'un titre régulier.

• Les biens concernés sont les meubles corporels dont l'échange s'effectue de la main à la main sans écrit.

Sont exclus :

— tous les immeubles sans exception,

— les meubles incorporels : créances, effets de commerce, droit de la propriété littéraire sauf droits réels portant sur des meubles corporels (*exemple droit d'usage ou d'usufruit*),

— les meubles par anticipation,

— certains meubles corporels : navires ou aéronefs immatriculés.

• Les conditions d'application :

— Il doit s'agir d'une possession utile. La possession doit être réelle en emportant détention matérielle du meuble. Enfin la possession doit être exempte de vices c'est à dire publique et non équivoque.

— Le possesseur doit user de la chose en toute bonne foi. Le possesseur n'a pas à prouver l'existence du titre de propriété puisque, pour être opposable, la présomption implique qu'il agit de bonne foi.

Cependant, la présomption instituée par l'article 2279 du Code Civil n'est qu'une présomption simple qui peut être combattue par la preuve contraire.

Dans le droit fiscal des successions cette présomption civile tenant à la possession est complétée par des présomptions de même nature.

b) L'apport du droit fiscal

La présomption instituée par l'article 2279 du Code Civil ne concerne que les meubles corporels à l'exception de tous les immeubles et des meubles incorporels.

Des dispositions particulières du droit fiscal s'appliquent à ces cas. Elles sont contenues dans les articles 1881 et 1882 du Code Général des Impôts. Selon ces articles, pour la poursuite des droits d'enregistrement, la mutation des immeubles (*article 1881 du Code Général des Impôts*) et des fonds de commerce ou clientèle (*article 1882 du Code Général des Impôts*) est suffisamment établie dès lors que le nouveau possesseur s'inscrit au rôle des contributions foncières en qualité de propriétaire et acquitte à ce titre les impôts demandés. L'article 1882 du Code Général des Impôts élargit la condition nécessaire : la qualité de possesseur peut résulter de tout acte ou écrit. Dans ces cas la preuve contraire peut être rapportée.

L'inscription du nom du nouveau possesseur au rôle des impôts fonciers et le paiement des impôts lui confère la qualité de propriétaire. Il doit donc acquitter les droits de mutation à titre gratuit et le bien considéré fait partie de l'actif de succession déterminé lors du décès.

§ 2 — Les présomptions fiscales de propriété

Pour éviter une fraude consistant à éluder les droits de mutation par décès par l'utilisation détournée d'une réglementation ou d'un droit, certains cas particuliers relèvent de présomption de propriété. Elles sont expressément énoncées par le Code Général des Impôts et ont toutes pour caractère d'être susceptibles de recevoir la preuve contraire, ce qui ouvre le champ d'intervention du juge.

A. *Les biens appartenant en usufruit au défunt (article 751 du Code Général des Impôts)*

En présence de droits de propriété démembrés, la réunion de l'usufruit à la nue propriété par le décès de l'usufruitier ne donne ouverture à aucun droit (*article 1133 du Code Général des Impôts*).

Au décès de l'usufruitier, toutes valeurs mobilières ou tout immeuble appartenant pour l'usufruit au défunt et pour la nue propriété à l'héritier sont réputés faire partie de sa succession sauf preuve contraire.

a) Les personnes concernées par la présomption font l'objet d'une énumération limitative. Il s'agit :

— des héritiers présomptifs de l'usufruitier proprement dit,

— de ses descendants,

— de ses donataires,

— de ses légataires institués,

— des personnes interposées. Sont qualifiées personnes interposées, les personnes désignées dans l'article 911 et 1100 du Code Civil.

La présomption est applicable dès lors qu'au décès la nue propriété appartient à l'une de ces personnes ; peu importe qu'au moment du démembrement de propriété, le nu propriétaire n'ait pas la vocation d'héritier (R.M.F. 22 juillet 1972).

b) La nature ou la forme de l'acte qui a opéré le démembrement reste sans influence pour l'application de la présomption (Cassation Civile 22 décembre 1953 et Cassation Civile 22 juillet 1935).

Il peut s'agir d'un acte sous seing privé, authentique, adjudication publique. Cependant si le démembrement procède d'une donation régulière ou constatée dans un contrat de mariage et consenti depuis plus de trois mois, la présomption est écartée.

c) La réintégration à l'actif héréditaire de tels biens possédés en usufruit par le défunt ne se fait pas purement et simplement. Ils sont ajoutés à la part du nu-propriétaire qui prend la qualité de légataire particulier pour ces seuls biens.

Cependant l'article 751 du Code Général des Impôts autorise l'imputation des droits déjà acquittés lorsque le démembrement de la propriété procède d'une vente ou donation consentie par le défunt. Dans tous les cas la preuve contraire peut être apportée par tous modes compatibles avec la procédure écrite.

B. Les actions, obligations parts de fondateurs, parts sociales et créances ayant appartenu au défunt depuis moins d'un an (article 752 du code Général des Impôts)

a) Principe :

Sont présumées faire partie de l'actif taxable de succession toutes les actions, obligations, parts de fondateurs ou bénéciaires, parts sociales et généralement toutes créances pour lesquelles le défunt a eu la propriété, perçu les revenus, ou réalisé une opération quelconque moins d'un avant son décès. Pour invoquer la présomption il suffit que le défunt ait réalisé une seule opération. Il peut s'agir de l'exercice du droit de dépôt, souscription, retrait de titres, mais aussi la participation comme porteur de parts à une assemblée générale d'actionnaires. (Cassation Commerciale 6 mars 1984).

En conséquence doivent être intégrés à l'actif héréditaire les bons de caisse acquis dans l'année précédant le décès en remploi d'une réalisation d'actif. (Tribunal de Grande Instance - Le Havre 18 avril 1985).

Se fondant sur le caractère de créance des sommes en dépôt dans les banques attesté par une jurisprudence récente, Cassation Commerciale 13 juin 1984 et Cassation Commerciale 13 janvier 1987, Cassation Commerciale 3 mars 1987 notamment l'Administration a cru pouvoir user de la présomption instituée par l'article 752 du Code Général des Impôts pour soumettre aux droits de mutation par décès les retraits sur comptes bancaires moins d'un an avant le décès.

Or, la Jurisprudence Civile a rappelé que le simple retrait éteignait la créance que possédait le défunt contre le détenteur des fonds déposés. (Bordeaux 7 avril 1987 et Cherbourg 30 mai 1988).

L'Administration a donc soutenu qu'il y avait omission de deniers provenant des retraits opérés sur un compte bancaire dans l'année précédant le décès (- BODGI 7 . G. 1. 1989 -). Cette thèse a été mise en échec par le Tribunal de Grande Instance de Paris. Les deniers comptants ne rentrent pas dans le champ d'application de la présomption légale (Tribunal de Grande Instance Paris 25 mai 1989).

En conclusion le retrait équivaut à la preuve contraire rapportée par les héritiers, ce que confirme la jurisprudence de la Cour de Cassation (*Cour de Cassation du 30-10-89, arrêt Braque*).

b) La présomption instaurée par l'article 752 du Code Général des Impôts n'est pas irréfragable.

La preuve contraire peut être administrée par les héritiers. Cependant, le législateur a expressément exclu la cession à titre onéreux consentie à un héritier, légataire, donataire même exclu par testament, sauf à démontrer que la cession avait acquis date certaine avant l'ouverture de la succession.

Sont ici concernées les mêmes personnes que celles visées par l'article 751 du Code Général des Impôts.

En conséquence dans le cas où la cession s'est faite au profit de l'une de ces personnes, la preuve contraire ne peut être administrée que si la cession est établie dans un acte authentique ou sous seing privé dûment enregistré avant l'ouverture de la succession. (Cassation Ch. Commerciale 30 janvier 1979).

En l'absence d'un tel document, la preuve contraire n'est pas rapportée et l'administration est fondée à reprendre la somme présumée éludée dans l'actif taxable.

Ces règles se retrouvent pour l'admission du passif déductible des dettes consenties à présomptifs héritiers (cf. *infra, article 773 du Code Général des Impôts*).

c) La mise en œuvre de l'article 752 du Code Général des Impôts est subordonnée au respect d'une procédure particulière pour garantir les droits des héritiers redevables de l'impôt. (cf. *infra, procédures*).

C. Dépôts réalisés sur un compte indivis et collectif ou dans un coffre fort loué conjointement

Tous les titres, sommes ou valeurs ou objets déposés sur un compte indivis ou collectif avec solidarité (*article 753 du Code Général des Impôts*) ou dans un coffre fort loué conjointement à plusieurs personnes (*article 754 du code Général des Impôts*) sont réputés appartenir au défunt pour une part virile et faire partie de sa succession, sauf preuve contraire administrée par les héritiers.

En présence de biens confiés à un dépositaire (*article 753 du Code Général des Impôts*), la preuve contraire rapportée par les héritiers ne peut résulter que des énonciations du contrat de dépôt ou d'un acte authentique ou sous seing privé ayant acquis date certaine avant ouverture de la succession autrement que par le décès.

D. Clause de tontine insérée dans un contrat d'acquisition en commun

La tontine ou clause d'accroissement consiste à donner vocation pour chacun des co-acquéreurs à la propriété du bien tout entier à partir du jour de l'acquisition faite en commun. Cette clause se fait sous condition du prédécés du co-acquéreur et constitue une exception jurisprudentielle à la prohibition de l'article 1130 du Code Civil (*prohibition des pactes sur succession future*).

Les biens ainsi recueillis sont depuis l'entrée en vigueur de la loi du 18 janvier 1980 considérés fiscalement comme transmis à titre gratuit au profit du bénéficiaire de l'accroissement (*article 754 du Code Général des Impôts*).

Cependant les droits de mutation à titre onéreux continuent à être perçus si plusieurs conditions sont réunies simultanément :

— Le bien est acquis en commun par deux personnes.

— Il s'agit d'un immeuble.

— Il constitue l'habitation principale des deux co-acquéreurs.

— Sa valeur globale à la date du décès est inférieure à 500 000 F.

Dans ce cas, l'exonération au titre des droits de succession va de soi. Il en va de même lorsque la clause d'accroissement est insérée dans un contrat conclu avant l'entrée en vigueur de la loi précitée (5 septembre 1979).

E. Actions et valeurs mobilières (article 754 B.)

Depuis le ler octobre 1982 les actions émises en territoire français (*article 1649 quater O A du Code Général des Impôts*) doivent obligatoirement revêtir la forme nominative. De la même façon les valeurs mobilières doivent être inscrites à un compte tenu par la personne morale émettrice ou par un intermédiaire habilité.

Lorsque ces conditions ne sont pas respectées, ces valeurs mobilières sont réputées appartenir à l'actif héréditaire des gérants, présidents de conseils d'administration ou du directoire, et dépendent de leur succession, sauf preuve contraire administrée par les héritiers.

F. Sommes versées en vertu de contrats d'assurance en cas de décès (article 757 B.)

L'administration est fondée à retenir les sommes dûes aux héritiers en vertu des clauses d'assurance décès dès lors que le défunt souscripteur était âgé de plus de 66 ans à la signature du contrat et que les trois quarts des primes versées l'ont été dans un délai réduit qui laisse présumer d'une volonté frauduleuse.

SECTION 3

L'assiette des droits de mutation par décès

La valeur des biens soumis aux droits de mutation à titre gratuit est déterminée par la déclaration détaillée et estimative des parties, sans distraction des charges (*article 758 du Code Général des Impôts*). A priori les héritiers peuvent en toute liberté fixer la valeur déclarative des biens qui entrent dans l'actif héréditaire. En réalité, le législateur a imposé des règles légales d'évaluation, particulièrement contraignantes dans le cas des meubles meublants.

§ 1 — Les règles légales d'évaluation

A. L'évaluation des immeubles

a) La valeur vénale

L'article 761 du Code Général des Impôts précise que les immeubles doivent être portés sur la déclaration de succession à leur valeur vénale. D'une manière générale, la valeur vénale d'un bien est le prix qui pourrait en être obtenu par son propriétaire dans les conditions normales de marché, abstraction faite de toute valeur de convenance.

Pour la déterminer il faut connaître :

— Les caractères spécifiques du bien à évaluer : Ses données physiques (*type de construction, matériaux utilisés, année, nature du sous-sol*) et ses données juridiques (*existence de servitudes, de bail*).

— Les caractères du marché immobilier local : l'analyse du prix de vente dans les transactions des immeubles similaires dans une proche période antérieure au décès est révélatrice du marché immobilier local.

— Les caractères socio-juridiques du moment (*développement économique de la région, existence de facteurs culturels, règlements d'urbanisme*).

b) La base légale d'évaluation

Néanmoins, si dans les deux ans qui précèdent ou suivent le décès, les immeubles transmis ont fait l'objet d'une adjudication, soit par autorité de justice, soit volontaire avec admission des étrangers, les droits exigibles ne peuvent être calculés sur une somme inférieure au prix de l'adjudication, augmentée de toutes les charges, sauf si dans l'intervalle, l'immeuble a subi des transformations affectant sa valeur (*article 761 alinéa 2 du code Général des Impôts*).

Lorsque le cahier des charges qui précède l'adjudication prévoit expressément l'admission des étrangers, le prix obtenu dans l'adjudication devient la base légale d'évaluation. Cette valeur minimale est soumise aux droits de mutation à titre gratuit. Les changements de consistance susceptibles de modifier la valeur du bien sont des questions de fait soumises à l'appréciation souveraine des juges.

B. Les bases légales d'évaluation des meubles

Le législateur a prévu des règles légales d'évaluation des meubles incorporels ou corporels.

a) L'évaluation de certains meubles incorporels

L'évaluation de certains meubles incorporels obéit à des prescriptions particulières. Tous les meubles incorporels ne s'évaluent pas uniformément. Leur base légale d'évaluation diffère selon la nature du meuble :

— Les sommes versées en vertu d'un contrat d'assurance sont taxées uniquement pour leur montant excédant 100 000 F. Des conditions relatives à l'âge de l'assuré lors de la conclusion du contrat et au montant des primes versées par rapport au capital assuré doivent coexister. Le redevable de l'impôt de succession est alors le bénéficiaire du contrat (*article 757 B du Code Général des Impôts*).

— Les valeurs mobilières françaises et étrangères de toute nature admises à une côte officielle doivent être déclarées pour leur cours moyen de bourse au jour du décès (*article 759 du Code Général des Impôts*).

— Les créances à terme sont déclarées pour le capital exprimé dans l'acte (*article 760 du Code Général des Impôts*). La déclaration détaillée et estimative n'a lieu d'être qu'en cas de déconfiture ou faillite du débiteur et pour le montant dont le recouvrement est attendu.

b) L'évaluation des meubles corporels

A l'exception des bijoux, pierreries, objets d'art ou de collection pour lesquels la base imposable ne saurait être inférieure à la valeur déclarée dans les contrats d'assurance conclus depuis moins de 10 ans par le défunt ou sa famille (*article 764 II du Code Général des Impôts*), l'évaluation des meubles corporels se fait selon la hiérarchie de la force probante édictée par l'article 764 du Code Général des Impôts. En application de ce principe, prévaut la valeur des biens exprimée dans les actes de vente, lorsque la vente publique a lieu dans les deux années du décès. A défaut, l'estimation attribuée aux biens dans les inventaires faits dans les 5 ans du décès est retenue. Peu importe les formes de l'inventaire, seule l'évaluation par inventaire des meubles meublants est assujettie à des conditions particulières.

§ 2 — Cas particuliers des meubles meublants (article 764 du Code Général des Impôts)

S'agissant des meubles meublants « à défaut d'acte de vente, la valeur des biens meubles est déterminée par l'estimation contenue dans les inventaires, s'il en est dressé dans les formes prescrites par l'article 943 du Code de Procédure Civile et dans les 5 années du décès. A défaut, cette valeur est fixée par la déclaration détaillée et estimative des parties, sans toutefois être inférieure à 5 % de l'ensemble des autres valeurs mobilières et immobilières de la succession ».

A. La portée de la règle : effet de l'inventaire

A la lecture de cet article codifiant l'article 11 de la Loi du 31 juillet 1949, il est flagrant que le législateur a voulu, pour les meubles meublants, durcir les conditions relativement laxistes touchant à la détermination de la valeur des autres biens mobiliers d'une succession.

En effet, l'article 943 du Code de Procédure Civile impose tant aux héritiers ou légataires qu'aux officiers publics chargés de l'inventaire et de la prisée, des obligations de fond et de forme destinées à lever par avance tout doute sur la sincérité de l'existence et de la valeur des biens déclarés.

C'est ainsi qu'en 1961 dans une réponse Seitlinger, le Ministre des Finances précise : « ... en présence de ce texte impératif, il serait manifestement contraire à l'intention du législateur d'admettre comme l'impliquerait l'adoption de la solution proposée par l'honorable parlementaire, que les estimations contenues dans les inventaires ne satisfaisant pas à toutes les prescriptions de l'article 943 précité du Code de Procédure Civile puissent exclure la base légale d'évaluation que représente le forfait, de 5 % ».

Cette analyse semble actuellement retenue dans la pratique jurisprudentielle.

B. L'application jurisprudentielle

Sur la seule question de la conformité de l'inventaire avec les prescriptions de l'article 943 du Code de Procédure Civile la jurisprudence semble partagée. Toutefois une récente décision de la Cour de

Cassation présente un intérêt non négligeable. (Cassation Commerciale 22 novembre 1988).

Dans cette espèce la Cour a confirmé l'application du forfait de 5 % alors que les héritiers prétendaient à la reconnaissance d'un inventaire introduit dans une déclaration de succession rectificative.

« ... Mais attendu que le Tribunal a relevé à bon droit qu'il résultait encore de l'article 943 du Code de Procédure Civile que le notaire auquel se sont adressés les héritiers pour établir la valeur des biens mobiliers de la succession doit décrire et estimer les biens sur les lieux où l'inventaire en est fait et qu'il résulte de la combinaison des 2° et 3° de l'article précité que la présence du notaire sur les lieux est donc indispensable à la validité de l'acte ; qu'il a pu en déduire que l'administration était fondée à retenir le forfait mobilier de 5 % initialement retenu ; que le moyen n'est donc pas fondé... ».

Si on suit à la lettre les attendus cités, la non-conformité de l'inventaire avec les prescriptions de l'article 943 du Code de Procédure Civile rend l'acte nul donc non opposable aux tiers.

Toutefois, si cette position, qui étaye celle donnée dans la réponse de 1961 précitée ne souffre aucune ambiguïté, il n'en est pas de même en ce qui concerne les moyens de preuve admis tant par le droit que par la doctrine administrative pour faire échec à la rigueur du forfait de 5 %.

Admettre l'inventaire non conforme comme élément de preuve contraire à l'application du forfait de 5 % n'est pas - au contraire - de nature à vider l'article 764 du code Général des Impôts de tout sens. C'est ce que retenait la réponse Seitlinger de 1961 qui disait in fine : « de telles estimations peuvent, toutefois, constituer un élément décisif de la preuve contraire réservée par la loi pour écarter l'application du dit forfait. Mais il s'agit là d'une question d'espèce qui ne peut être résolue qu'après examen de l'ensemble des circonstances particulières de chaque affaire ».

En cas de différend, le pouvoir souverain d'appréciation du juge est seul capable de reconnaître la validité d'un inventaire (*donc son opposabilité aux tiers*) à sa conformité avec les prescriptions de l'article 943 du Code de Procédure Civile. (Tribunal de Grande Instance Rouen 13 février 1989).

C. Le mode de calcul du forfait de 5 %

Selon la documentation de base administrative, le forfait de 5 % se calcule de la façon suivante :

« Ce forfait se calcule sur l'ensemble des valeurs mobilières, autres que les meubles meublants, et immobilières imposables en France composant l'actif successoral et avant déduction du passif.

Il y a lieu de comprendre dans cet actif :

— Les biens soumis au retour légal.

— Les biens appartenant pour l'usufruit au défunt et entrant dans le champ d'application de l'article 751 du Code Général des Impôts.

En revanche, il n'est pas tenu compte, pour la détermination du forfait :

— Des rapports de dons en avancement d'hoirie.

— Des récompenses dues par le de cujus qui s'imputent sur les biens communs.

— Des biens exonérés de droits soit totalement, soit, en cas d'exonération partielle, à concurrence de la partie exonérée. En revanche cette exclusion ne s'applique pas aux biens légués à un organisme bénéficiant d'une exonération de droits de succession, sauf, bien entendu, si les biens en cause seraient eux mêmes exonérés en tant que tels.

Lorsque le *de cujus* était marié sous un régime de communauté, la masse sur laquelle le forfait de 5 % se calcule comprend la part du défunt dans l'actif brut de communauté, déterminée en tenant compte des reprises et des récompenses des deux époux, mais non du passif commun. Toutefois, si les récompenses du défunt excèdent sa part dans la communauté, l'excédent de récompense ne peut être imputé sur ses propres car il s'agit d'une dette de la succession.

En résumé, dans le cas d'un défunt marié sous un régime de communauté, la masse sur laquelle se calcule le forfait de 5 % est composée de sa part de biens communs, ses reprises, le cas échéant, et ses biens propres.

Preuves contraires : L'article 764-I du Code Général des Impôts prévoit l'admission de la preuve contraire. Cette preuve ne peut être rapportée que dans les formes compatibles avec la procédure écrite, c'est à dire qu'elle ne peut résulter que d'actes ou écrits ou encore de présomptions suffisamment graves, précises et concordantes. L'admission des actes ou écrits comme moyen de preuve ne signifie pas que toutes les pièces de cette nature aient un caractère absolument probant ; ainsi une vente amiable pour un prix inférieur à une prisée d'inventaire ne saurait, en général, constituer la preuve contraire.

La question de la preuve contraire se pose surtout à propos du forfait de 5 %, lorsque les redevables veulent établir que la valeur du mobilier est inférieure au forfait de 5 % ou qu'il n'y a aucun mobilier.

A cet égard, un inventaire non conforme à l'article 943 du Code de Procédure Civile peut constituer un élément de preuve contraire susceptible d'être pris en considération.

Par ailleurs, la circonstance que le défunt a toujours vécu à l'hôtel ou qu'il a vécu dans une communauté religieuse excluant la possession d'un mobilier personnel peut constituer la preuve de l'absence de meubles meublants.

Mais le fait que le défunt était pensionnaire dans une maison de retraite ne fournit pas, à lui seul, la preuve de l'inexistence des meubles meublants, cependant il doit être pris en considération s'il est corroboré par d'autres éléments ». (D.B. Administrative D.G.I. 7 G 2312).

SECTION 4
Régimes spéciaux et exonérations

La loi prévoit des cas d'exonération des droits de mutation à titre gratuit, ou une taxation selon un régime spécial. Ils sont pour la plupart dictés par les événements politico-sociaux. D'une manière générale, ils concernent soit la nature du bien transmis, soit la qualité du défunt ou successeur.

§ 1 — Exonérations ou régimes spéciaux motivés par la nature du bien transmis

La transmission de ces biens est soit totalement soit partiellement exonérée. On parle alors de « régime spécial ». Ils font l'objet d'une énumération limitative.

A. Biens totalement exonérés

— reversion de rentes viagères entre époux ou entre parents en ligne directe (*article 793 1-5° Code Général des Impôts*).

Dans le strict respect des principes, la stipulation de reversibilité de rente au profit d'une personne autre que le premier bénéficiaire donne ouverture lors du décès du premier bénéficiaire aux droits de succession au tarif en vigueur au jour du décès et d'après le degré de parenté entre le défunt et le bénéficiaire de la reversion (Cour de Cassation Ch. Réunies 23 décembre 1862).

Par disposition expresse, le législateur a exonéré de droits de mutation par décès les reversions de rente viagères entre parents en ligne directe :

— contrat de travail à salaire différé (*article 793 1-6 du Code Général des Impôts*). Initialement, cette disposition visait la protection de la famille et de la natalité. Elle ne concernait que les contrats de travail à salaire différé de l'exploitant agricole.

Une loi récente envisage l'extension de ce régime au conjoint non salarié du chef d'entreprise (*commerciale, artisanale*) ;

— actions ou parts des personnes morales assujetties à la taxe prévue à l'article 990 D du Code Général des Impôts (*article 797 A du Code Général des Impôts*). Les mesures d'accompagnement de l'Impôt sur les grandes fortunes créé en 1982 ont prévu l'instauration d'une taxe de 3 % de la valeur vénale des Immeubles ou droits sociaux possédés en France par certaines sociétés étrangères ayant leur siège de direction effective hors de France.

Les parts ou actions des personnes morales assujetties à la taxe de 3 %, détenues par des personnes physiques n'ayant pas leur domicile fiscal en France, ne sont pas soumises aux droits de mutation à titre gratuit. Cette disposition est abrogée à compter du 1.01.1993.

— immeubles classés ou inscrits sur l'inventaire supplémentaire des monuments historiques (*article 795 A du Code Général des Impôts*).

L'exonération s'applique aux immeubles par nature ou par destination classés ou inscrits sur l'inventaire supplémentaire des monuments historiques. Elle est étendue aux meubles qui en constituent le complément historique ou artistique.

Elle est subordonnée à la conclusion d'une convention à durée indéterminée entre les héritiers et les ministres chargés de la culture et des finances prévoyant :

— le maintien dans l'immeuble des meubles exonérés,

— les conditions de présentation,

— les modalités de présentation,

— les conditions d'entretien des biens exonérés.

En cas de non respect des engagements contenus dans la convention, l'exonération de ces biens est remise en cause.

B. Les régimes spéciaux

Les régimes spéciaux mis en place par le législateur bénéficient uniquement au monde rural. Ils aboutissent à l'exonération partielle de ces biens puisque seul 1/4 de leur valeur donne ouverture aux droits de mutation à titre gratuit, sous réserve de certaines conditions. Ils sont limitativement énumérés.

a) Bois et forêts (*article 793-2-2° du Code Général des Impôts*) et parts que détient le défunt dans un groupement forestier (*793-1-3°*).

Les propriétés de bois et forêts ne sont soumises aux droits de mutation à titre gratuit que pour 1/4 de leur valeur si :

— la déclaration de succession est accompagnée d'un certificat délivré par le Directeur départemental de l'agriculture attestant que les bois et forêts sont succeptibles d'aménagement régulier ;

— les héritiers s'engagent à les soumettre à un régime d'exploitation normale pendant 30 ans ;

— le régime particulier ne concerne que les parts de groupement forestier détenues par le défunt depuis au moins 2 ans lorsqu'il les avait acquises à titre onéreux (*sauf si l'acquisition est antérieure au 5 septembre 1979*).

b) Les parts de groupement fonciers agricoles.

Les biens sont exonérés à concurrence des 3/4 de leur valeur lors de leur première transmission à titre gratuit :

Plusieurs conditions doivent coexister :

— les fonds agricoles du groupement doivent être donnés à bail à long terme ;

— les statuts doivent interdire le faire valoir direct ;

— le bénéficiaire de la transmission doit garder le bien dans son patrimoine pendant au moins 5 ans (*article 793 bis du Code Général des Impôts*) ;

— le défunt devait détenir les parts depuis au moins 5 ans, sauf si lors de la constitution du groupement il avait lui-même apporté l'immeuble.

Cependant la limite des 3/4 de la valeur n'est pas intangible. Elle est plafonnée à une somme égale à 3 fois la valeur de la surface maximale d'installation lorsque le bail a été consenti au bénéficiaire de la transmission par décès (*ou au conjoint, ou un de leurs ascendants ou une société contrôlée par une de ces personnes*). Dans ce cas peu importe le nombre de transmissions successives intervenues du chef d'une même personne.

Par ailleurs, lorsque la valeur des biens transmis à chaque héritier excède 500 000 F, l'exonération n'est plus que de 50 % de la valeur des biens au delà de cette limite (*article 793 bis du Code Général des Impôts*).

c) Les biens ruraux donnés à bail à long terme (*article 793-2-3° du Code Général des Impôts*) sont exonérés à concurrence de 3/4 de leur valeur lors de la première mutation à titre gratuit - R.M.F. Mr Hamel JO 21 février 1991 n° 12-281.

Comme pour les transmissions des parts de groupements fonciers agricoles, et dans les mêmes conditions, cette limite peut être modifiée.

d) Les biens visés à l'article 793-2-4°

e) Les novations apportées par la loi du 28 juillet 1995

La Loi de finances rectificative pour 1995 (article 21) complète les dispositions de l'article 793 du Code général des impôts.

Désormais, l'article 793-2-5° du C.G.I. établit une mesure d'exonération partielle des droits d'enregistrement dus à l'occasion d'une première mutation à titre gratuit (donation ou succession) d'immeubles neufs destinés à l'habitation. Cette exonération est plafonnée à 300 000 F par part reçue par chaque héritier ; elle se cumule avec les abattements de droit commun.

De même, le nouvel article 793-2-6° permet une exonération également plafonnée à 300 000 F par part reçue lors de la première transmission à titre gratuit d'immeubles locatifs achevés depuis au moins cinq ans et affectés exclusivement à un usage d'habitation. Cette exonération partielle ne joue qu'à concurrence des trois quarts de la valeur de l'immeuble transmis.

§ 2 — Exonérations motivées par la qualité du défunt ou du successeur

A. Exonérations du fait de la qualité du défunt

Les successions des victimes de guerre ou des actes de terrorisme sont exonérées de tout droit pour la part revenant aux descendants, ascendants, au conjoint survivant, aux frères et sœurs ou leurs descendants (*article 796 du Code Général des Impôts*).

La loi du 29 décembre 1990 a étendu la portée de cette exonération aux successions de victimes d'actes de terrorisme.

B. Exonération du fait de la qualité du successeur

Les exonérations concernent les divers legs et dons fait à :

— l'Etat et certains établissements publics (*article 1040 du Code Général des Impôts*) ;

— les collectivités locales (*articles 794 du Code Général des Impôts*) ;

— les établissements publics de bienfaisance, assistance (*articles 794 et 795 du Code Général des Impôts*) ;

— les associations reconnues d'utilité publique (*article 795 du code Général des Impôts*) ;

Chapitre 2
LE PASSIF

L'actif soumis aux droits de mutation à titre gratuit est un actif net. Les dettes que le défunt avait contractées avant son décès sont prises en compte dans la détermination de l'assiette de l'impôt.

Elles constituent le passif déductible.

A côté du passif entendu stricto sensu, il existe des sommes dont la déduction est admise au même titre que le passif. Elles ne constituent pas à proprement parler des dettes, mais leur déduction obéit aux mêmes règles.

SECTION 1
La déduction du passif *stricto sensu*

Pour la liquidation des droits de mutation par décès, les dettes à la charge du défunt sont déduites lorsque leur existence au jour de l'ouverture de la succession est dûment justifiée par tout moyen de preuve compatible avec la procédure écrite (*article 768 du Code Général des Impôts*). L'application du principe est complexe. La déduction de certaines dettes est prohibée. Au contraire, des sommes qui ne respectent pas les conditions légales sont admises en qualité de passif.

§ 1 — Les conditions générales de déductibilité

La dette déductible doit être à la charge du défunt et son existence, au jour de l'ouverture de la succession doit être justifiée par tout moyen de preuve compatible avec la procédure écrite.

Des conditions de fond et de forme sont donc imposées.

A. Les conditions de fond

N'importe quelle somme ne peut être qualifiée de passif. Il doit s'agir de dettes imputables au défunt avant son décès. Entrent dans cette catégorie les dettes certaines dans leur principe et dans leur montant.

a) Seules les dettes certaines dans leur principe peuvent être déduites...

La question s'est posée de savoir si les dettes affectées d'une condition pouvaient être retenues. La réponse apportée par la jurisprudence a conduit à distinguer les conditions suspensives, ou résolutoires. En cas de dettes soumises à condition suspensive, aucune déduction ne peut être pratiquée (Aix en Provence 30 mars 1978).

Lorsque la condition se réalise postérieurement au décès, la déduction peut être demandée dans le délai général de réclamation ouvert par l'article R* 196-1 du Livre des Procédures Fiscales (31 décembre de la deuxième année suivant l'imposition contestée).

b) La dette doit être certaine dans son montant...

Pendant longtemps seules les sommes dont le montant est définitivement connu pouvaient être admises. Récemment, la doctrine administrative a admis la déduction du passif alors que le montant des sommes n'était pas définitivement fixé. Cette déduction se fait sous la responsabilité des héritiers. Il en va ainsi par exemple du montant des cotisations à l'Impôt sur le Revenu non fixé au décès.

B. Les conditions de forme

Le législateur a subordonné la déduction du passif à deux obligations. La première concerne la preuve de la dette, la deuxième la présentation du justificatif de la dette.

a) La première des conditions est relative à la preuve de la dette qui doit être justifiée par tout moyen de preuve compatible avec la procédure écrite (*article 768 du Code Général des Impôts*).

Seule la preuve littérale est autorisée par le législateur. La déduction est donc liée à l'existence d'un écrit, un acte, ou plus simplement un titre dont la définition est donnée par le Code Civil qui détermine les règles de validité :

• S'il s'agit d'un acte, il peut être authentique ou sous seing privé. Selon les dispositions de l'article 1317 du Code Civil, « l'acte authentique est celui qui a été reçu par les officiers publics ayant le droit d'instrumenter dans le lieu où l'acte a été rédigé et avec les solennités requises ».

L'acte sous seing privé défini par l'article 1322 du Code Civil produit entre les signataires, leurs ayants-cause, mais aussi leurs héritiers les mêmes effets que l'acte authentique.

• S'il s'agit d'un titre il n'existe aucune définition particulière. Il doit seulement être un document écrit : factures, papiers domestiques.

La jurisprudence (Cour Cassation 2 décembre 1986, Direction Générale des Impôts contre O'Mahony) a jugé qu'un devis accepté par le défunt suffisait. Toute dette commerciale peut être également déduite lorsqu'elle est régulièrement justifiée dans les formes compatibles avec la procédure écrite.

En droit d'Enregistrement, l'existence de l'écrit est primordiale, Droit de procédure écrite, la preuve ne peut être apportée que dans des formes compatibles avec la procédure écrite.

Est donc exclu en principe, tout autre mode de preuve. Cependant, le pouvoir souverain d'appréciation du juge s'exerce aussi dans ce domaine. En présence de présomptions graves, précises et concordantes, la preuve par présomption admise par les articles 1350 à 1353 du code Civil s'applique. Par contre la preuve par serment ou testimoniale demeure exclue (Cassation Commerciale 5 janvier 1988).

b) La deuxième des conditions est le mode de présentation du passif impose par la loi.

Les dettes dont la déduction est demandée sont détaillées, article par article, dans un inventaire certifié par le déposant et annexé à la déclaration de succession.

Les héritiers ou leurs représentants doivent indiquer, soit la date de l'acte, le nom et la résidence de l'officier public qui l'a reçu, soit la date de la décision judiciaire et la juridiction dont elle émane.

Ils doivent représenter les autres titres, actes ou écrits que le créancier ne peut, sous peine de dommages-intérêts, se refuser à communiquer sous récépissé (*article 770 du Code Général des Impôts*).

La portée de cet article est très simple puisqu'il se contente d'édicter des obligations matérielles. De fait, il ouvre le droit de contrôle de l'administration qui peut demander la justification des dettes déduites (cf. *articles L. 20 et L. 21 du Livre des Procédures fiscales*).

§ 2 — Les exceptions à la règle

Des limites ont été posées par le Législateur qui rejette en certains cas l'admission de dettes régulières en la forme et au fond. Mais à contrario il autorise la déduction de sommes qui dérogent aux règles énoncées précédemment.

A. La limitation du droit à déduction des dettes

Même si la dette est régulière en la forme et au fond, elle peut ne pas venir en déduction de l'actif taxable. Le Législateur peut avoir prohibé sa déduction, ou édicté des règles particulières d'imputation.

a) La déduction de certaines dettes est expressément prohibée.

Cette prohibition résulte du principe posé par l'article 773 du Code Général des Impôts qui précise les cas d'application limitativement. Sont citées :

— Les dettes testimoniales.

— Les dettes échues depuis plus de trois mois avant l'ouverture de la succession.

— Les dettes hypothécaires garanties par une inscription périmée depuis plus de trois mois, sauf si la dette est non échue.

— Les dettes en capital et intérêts pour lesquelles le délai de prescription est accompli.

— Les dettes consenties par le défunt au profit de ses héritiers ou de personnes interposées.

Les dispositions de l'article 773 du Code Général des Impôts visent en fait à éviter que les héritiers débiteurs des droits de succession diminuent irrégulièrement l'assiette taxable.

Dans ce cas de figure, l'irrégularité ne provient pas du non respect des conditions de forme ou de fond à l'origine mais d'une décision de gestion du défunt qui n'a pas accompli les diligences ordinaires du créancier. La loi sanctionne cette décision de gestion en l'opposant aux héritiers du défunt : les dettes visées deviennent prohibées et leur déduction impossible.

Cependant il faut distinguer les dettes pour lesquelles la présomption instituée par l'article 773 du Code Général des Impôts est simple ou irréfragable sauf conditions particulières.

La présomption instituée est simple lorsque la preuve de l'authenticité de la dette peut être apportée par la simple présentation de l'attestation de créancier prévue par l'article L. 20 du Livre des Procédures Fiscales. C'est le cas par exemple d'une dette non échue dont la garantie hypothécaire est périmée. Pour savoir si une dette est échue ou prescrite il convient de se reporter aux règles de prescriptions particulières prévues par les articles 2262 à 2272 du code Civil ou 189 bis du Code de Commerce.

Au contraire, la présomption établie peut être irréfragable lorsqu'elle vise une dette consentie par le défunt à ses héritiers présomptifs.

L'article 773-2° du Code Général des Impôts énonce ici une prohibition extrêmement sévère. En effet, est prohibée la déduction « des dettes consenties par le défunt au profit des ses héritiers ou de personnes interposées. Sont réputées personnes interposées les personnes désignés dans le dernier alinéa de l'article 911 et dans l'article 1100 du Code Civil. Néanmoins, lorsque la dette a été consentie par un acte authentique ou par un acte sous seing privé ayant acquis date certaine avant l'ouverture de la succession autrement que par le décès d'une des partie contractantes, les héritiers, donataires et légataires, et les personnes réputées interposées ont le droit de prouver la sincérité de cette dette et son existence au jour de l'ouverture de la succession ».

Précisions :

— la dette doit être consentie par le défunt au profit de l'héritier. Elle doit résulter d'une démarche volontaire du défunt à son origine. Si la dette n'a pas été consentie sa déduction peut cependant être admise. C'est le cas par exemple lorsque la dette tire sa source d'une obligation de la loi. (Cour Cassation du 4 décembre 1984) ;

— l'héritier : la prévention à l'égard de l'héritier créancier est très large. Outre l'héritier, sont concernés :

- Les père et mère naturels de l'héritier.
- Les enfants et descendants.
- L'époux de l'héritier.
- L'enfant issu d'un autre mariage du conjoint survivant.
- Toute personne dont l'époux gratifié est héritier présomptif.

L'appréciation de la qualité d'héritier se fait non pas au moment où naît la créance, mais au jour de l'ouverture de la succession, c'est-à-dire le jour du décès. (Cassation requête 27 janvier 1913).

La simple renonciation du successible créancier ne suffit pas pour échapper à la présomption. (R.M.F. 2 avril 1930) ;

— la preuve de l'existence de la dette : peut lever l'interdit, la dette consentie par un acte authentique ou sous seing privé ayant acquis date certaine avant l'ouverture de la succession.

A défaut la présomption devient irréfragable.

b) Existence de règles particulières d'imputation (*article 769 du Code Général des Impôts*).

Lorsque la dette a été contractée pour l'acquisition ou l'entretien de biens exonérés, elle s'impute en priorité sur la valeur du bien exonéré. Seul le surplus est déductible.

Il y a quelques années une fraction très importante du patrimoine immobilier était totalement exonérée de droits de mutation à titre gratuit. Actuellement seuls subsistent des cas particuliers d'exonérations partielles (*exemple : article 793 exonération des parts d'intérêt détenues dans un groupement forestier à concurrence des 3/4 de leur valeur vénale) ou totales (exemple dans les legs faits aux établissements publics charitables article 795 du Code Général des Impôt).*

Cette règle s'applique aussi lorsque la dette souscrite garantie par des biens exonérés a pour finalité de permettre aux héritiers d'éluder une partie des droits de succession.

Exemple chiffré d'application :

— acquisition de bois et forêts : valeur 100 000 F.

— emprunt relatif à l'opération : 50 000 F.

L'emprunt — dette régulière en la forme — ne peut s'imputer au décès de l'acquéreur car il s'impute en priorité sur la valeur exonérée du bien (75 000 F).

B. Règles dérogatoires du droit commun

Elles trouvent leur source dans une obligation de la loi. Certaines dettes ne respectent pas les conditions de forme et de fond qui viennent d'être exposées. Pourtant elles sont admises en déduction de l'actif taxable.

a) Passif autorisé du fait d'une obligation du Code Civil

Pour que la dette soit admise au titre du passif déductible il faut qu'elle existe au jour de l'ouverture de la succession. Seulement, d'une part, le Code Civil a prévu des frais de deuil et de nourriture au profit du conjoint survivant, d'autre part au nombre des créances privilégiées il a inscrit les frais funéraires et de dernière maladie. Le droit fiscal en a tiré toutes les conséquences.

— Les frais de deuil et de nourriture.

Lorsque la communauté est dissoute par la mort de l'un des époux, l'article 1481 du Code Civil met à la charge de la communauté des frais de deuil et de nourriture au profit du conjoint survivant (*mari ou femme*). Les frais de deuil peuvent venir en déduction de l'actif de communauté taxable dès lors que leur existence est justifiée par tout moyen de preuve compatible avec la procédure écrite. La détermination de leur montant se fait en tenant compte des facultés contributives du défunt dans la communauté. Les frais de nourriture font l'objet d'une simple évaluation sous contrôle de l'administration. (R.M.F. à Monsieur Lemaire Sénateur JO 28 janvier 1970, R.M.F. du 30 janvier 1983).

— Les frais funéraires.

L'article 775 du Code Général des Impôts autorise la déduction des frais funéraires à concurrence de 3 000 F, lorsque leur montant est régulièrement justifié.

A défaut de pièce justificative le montant est limité à 1 000 F (B. OI. 10341).

Dans tous les cas, les sommes représentent un passif de succession et non de communauté (R.M.F. 5 octobre 1960).

Le fondement de l'article 775 du Code Général des Impôts résulte de l'article 210 1-2 du Code Civil qui inclut les frais funéraires aux créances privilégiées. Le privilège ne concerne que les frais d'inhumation et de cérémonie (Cassation Civile 15 mars 1897).
Dès lors sont admis en déduction les dépenses d'acquisition d'un emblème religieux, (R.M.F. 9 janvier 1975), de transport de corps (R.M.F. 11 novembre 1960, R.M.F. 5 octobre 1960), d'avis d'obsèques, d'invitation, remerciements. Par contre sont exclus les frais d'achat de fleurs et couronnes (R.M.F. 11 novembre 1960).

La question, de savoir si certaines sommes sont admises ou non, a perdu de son actualité du fait de la limitation à 3 000 F prévue par l'article 775 du Code Général des Impôts.

— Les frais de dernière maladie font partie en vertu de l'article 210 1-3 du Code civil des créances privilégiées. Ils sont donc admis en déduction à titre de passif de succession ou de communauté lorsque le défunt est marié selon un régime de communauté conjugale. En cas de prise en charge des frais engagés par un organisme de sécurité sociale, la déduction est limitée à la fraction de dépenses non effectivement remboursée (R.M.F. 25 mars 1932 ; 22 juin 1948).

Dans tous les cas, la dépense réalisée doit être justifiée par les héritiers.

b) Passif autorisé du fait d'autres obligations légales

— les victimes du **SIDA** contracté lors d'une transfusion sanguine (*article 775 bis du Code Général des Impôts*). Cette disposition, qui permet de déduire les indemnités perçues de l'actif, est également applicable aux successions des victimes de la maladie de GRENTZFELDT-JACOB à compter du 1.01.1991.

— La loi fiscale interdit la déduction du passif à présomptif héritier. En dérogation à ce principe la déduction de la créance de salaire différé peut être admise (*article 774 du Code Général des Impôts*).

Il s'agit du salaire fictif dû par l'exploitant agricole décédé à son enfant ayant participé sans rémunération aux travaux de l'exploitation.

L'héritier créancier de la succession est tenu de fournir une attestation datée et signée par lui, mentionnant le montant de sa créance, cette attestation doit respecter les conditions de formes posées par l'article L 20 du Livre des Procédures Fiscales.

La preuve imposée par l'article 774 peut résulter soit d'un inventaire, d'un acte de partage, ou tout acte ou écrit portant reconnaissance par les cohéritiers de leur dette envers le bénéficiaire de salaires différés. Ce régime est maintenu (cf. B.O.I. 7 G.2.95)

Cette dette admise ne doit pas être confondue avec le « prélèvement minimal du conjoint survivant du commerçant » issu du texte de la loi n° 89-1008 du 31 décembre 1989 selon laquelle le conjoint survivant non rémunéré d'un commerçant pourra - sous certaines conditions — imputer une créance lui appartenant sur les droits successoraux.

SECTION 2

Déduction de sommes et valeurs autres que le passif

Il est fréquent que le défunt ne soit pas propriétaire de sommes et valeurs qui à son décès se trouvent dans son patrimoine. Leur montant doit être distrait de l'actif taxable. Il peut s'agir de legs particuliers qui grèvent la succession (*article 767 du Code Général des Impôts*) ou de biens déjà donnés, ou plus simplement de biens détenus à titre précaire en qualité de dépositaire ou pour l'exercice d'un droit d'usufruit ou d'usage.

En règle générale ces sommes ont déjà supporté à un moment les droits de mutation à titre gratuit. La règle « non bis in idem » interdit que des droits d'enregistrement soient à nouveau perçus. Lorsque leur existence est dûment justifiée par tout mode de preuve compatible avec la procédure écrite, leur déduction est autorisée. La doctrine et la jurisprudence ont fixé les grandes lignes du droit à déduction.

§ 1 — Lors des donations de sommes d'argent la règle « non bis in idem » trouve son fondement

Deux cas sont souvent rencontrés : en premier lieu, il peut s'agir d'une donation en avancement d'hoirie d'une somme imputable sur la succession du prémourant et ensuite sur celle du survivant. (T.G.I. Seine 25 mars 1908).

Le deuxième cas concerne la donation d'une somme d'argent non encore payée au décès du donateur (Cassation Civile 15 janvier 1913).

Dans les deux cas, les droits ont été régulièrement payés lors de la donation mais les sommes peuvent se retrouver dans le patrimoine du donateur à son décès. Elles sont donc déductibles de l'actif taxable au titre des droits de mutation par décès.

§ 2 — Détention d'une somme à titre précaire

La détention peut avoir lieu à plusieurs titres : soit en qualité de dépositaire (*dépôts de garantie encaissés par les bailleurs*) soit par l'usufruitier pour l'exercice de son usufruit. Les sommes et valeurs détenues par l'usufruitier pour l'exercice de son droit ne font pas partie de son patrimoine, et à son décès doivent être reprises par les nus-propriétaires (*sans droits de succession cf. article 1133 du Code Général des Impôts*).

La détermination du montant admis en déduction soulève quelques difficultés.Il est limité à la valeur des biens qui ont déjà supporté les droits de mutation à titre gratuit, lors de leur transmission à l'usufruitier. (Tribunal de Grande Instance - Blois 24 août 1884 - R.S.E.F. 31 décembre 1954 - R.M.F. 5 septembre 1959).

§ 3 — Reliquat du compte de gestion du survivant des conjoints mariés selon un régime de communauté

Au décès du prémourant des conjoints, le survivant peut être resté en possession de tout l'actif. Il se comporte alors comme si la communauté n'avait pas été dissoute par le décès. Lorsqu'il décède à son tour les héritiers établissent alors le compte des opérations de gestion et demandent la déduction du reliquat passif du compte.

S'il est établi que le conjoint survivant a géré la masse au nom et comme mandataire des héritiers du prédécédé, la déduction est admise. L'existence d'un mandat régulier en la forme doit être prouvée par tout moyen de preuve compatible avec la procédure écrite.

Troisième Partie

LA TAXATION DES MUTATIONS PAR DÉCÈS OBLIGATIONS ET CONTRÔLE

Les règles particulières, constituant l'environnement juridique des successions permettent de répondre à la première question posée par le décès d'une personne :

« qui va pouvoir prétendre au bénéfice de la succession ? »

Les principes de liquidation des régimes matrimoniaux et les régles précisant la dévolution successorale fournissent une première approche à la seconde question :

« Quelle quotité de biens peut être transmise aux personnes habilitées à recueillir la succession ? »

Les indications du Code Général des Impôts et la jurisprudence civile répondent à la troisième question :

« Quels biens peuvent être retenus par l'Administration Fiscale à fins de taxation et pour quelle valeur ? »

La synthèse de tous ces éléments, objet des première et seconde parties du présent ouvrage, se retrouve dans la déclaration de succession, document servant de support matériel à la formalité de l'Enregistrement dont le dépôt constitue une obligation pour les héritiers et/ou les légataires.

Chapitre 1

LES OBLIGATIONS IMPOSÉES PAR LA LOI FISCALE

Le Code Général des Impôts prévoit deux séries d'obligations intéressant d'une part les héritiers légataires ou donataires, d'autre part des tiers détenant des renseignements spécifiques.

SECTION 1

Obligations édictées par l'article 800 du Code Général des Impôts

§ 1 — Obligation déclarative des héritiers

« Les héritiers, légataires ou donataires... sont tenus de souscrire une déclaration détaillée et de la signer... »

Cette déclaration, modèle 2705, est fournie gratuitement par l'Administration.

Par mesure de tempérament, l'obligation déclarative n'est pas opposée au conjoint survivant et/ou aux héritiers en ligne directe lorsque l'actif brut successoral est inférieur à 10.000 frs (*documentation administrative 7.G.251*).

Par ailleurs, contrairement aux stipulations de l'article 800-II du Code Général des Impôts, l'administration n'exige le dépôt de la déclaration de succession en double exemplaire que lorsque l'actif brut héréditaire (*imposable ou non*) est supérieur à 100 000 F (*Documentation Administrative 7.G.2531*).

Lorsque des immeubles situés hors du ressort territorial de la recette compétente pour recevoir la déclaration sont inclus dans l'actif successoral, les héritiers doivent souscrire une déclaration spéciale pour chaque bien visé et fournie par l'Administration (*modèle 2709*).

§ 2 — Observations sur la déclaration de succession

A. Nature du document

La déclaration de succession n'a qu'un rôle purement fiscal. Elle constate une situation née du droit civil tant au regard des personnes que des biens transmis. C'est le support de la formalité de l'Enregistrement, obligatoire selon la loi parce que le décès entraîne mutation de patrimoine. Ainsi, la souscription de la déclaration de succession permet la perception des droits de mutation par décès.

B. Personnes tenues de souscrire une déclaration

Contrairement aux idées reçues, le recours à un notaire n'est pas obligatoire. L'obligation déclarative de l'article 800 du Code Général des Impôts incombe aux seuls héritiers, légataires ou donataires. Toutefois, il peut être préférable de recourir aux services d'un officier ministériel lorsque la dévolution est complexe. Par ailleurs, dès lors que l'actif comporte un immeuble, l'intervention d'un notaire devient obligatoire pour effectuer la transcription au bénéfice de l'héritier sur les registres de la Conservation des Hypothèses du lieu de situation du bien.

Enfin, les héritiers peuvent donner mandat à un tiers pour souscrire en leur nom la déclaration de succession. Dans ce cas, sous peine de nullité, les héritiers doivent rédiger et faire enregistrer le mandat avant la souscription et rappeler l'existence du mandat lors du dépôt de la déclaration.

§ 3 — Lieu de souscription de la déclaration

L'article 656 du Code Général des Impôts édicte le principe général selon lequel « les mutations par décès sont enregistrées à la recette des Impôts du domicile du décédé... »

Ainsi, nonobstant la situation géographique des biens composant l'actif héréditaire, seul le domicile du défunt est opérant pour désigner la Recette des Impôts compétente à recevoir la déclaration.

La loi fiscale, en la matière, permet une harmonisation avec les règles de procédure civile qui définissent la compétence géographique du tribunal apte à régler les conflits nés de la succession.

Deux situations peuvent se rencontrer :

— le défunt était domicilié en France : la recette compétente pour la formalité d'enregistrement est celle du domicile ;

— le défunt était domicilié hors de France : la recette compétente est celle du Centre des Impôts des non-résidents (*9, rue d'Uzès, 75002 PARIS*).

§ 4 — Délai de dépôt de la déclaration

A. Délai général

Le délai légal de souscription est fixé par l'article 641 du Code Général des Impôts. Ce délai est important car il conditionne la mise en œuvre de la procédure de contrôle de dépôt par l'Administration Fiscale (voir *infra* chapitre IV).

Deux cas de figure sont prévus par la loi :

* Le de-cujus est décédé en France métropolitaine. Dans ce cas, les héritiers, légataires ou donataires doivent souscrire la déclaration de succession dans un délai de 6 mois à compter du décès ou de la transcription du jugement déclaratif d'absence.

* Autres cas : les héritiers ont un délai de 12 mois pour accomplir leurs obligations déclaratives.

B. Délais spéciaux

La loi prévoit l'existence de délais spéciaux de souscription de la déclaration de succession.

• Délais spéciaux :

— L'article 642 du Code Général des Impôts prévoit des délais spécifiques pour les départements de Guadeloupe, Guyane, Martinique et Réunion. Pour ces départements, le délai légal de 6 mois s'applique lorsque le décès a eu lieu dans le département où le défunt était domicilié, le délai de 12 mois s'applique dans les autres cas. Il est à noter que, pour le département de la Réunion, existe un délai particulier de deux ans sous certaines conditions.

Enfin, la Corse fait l'objet d'un régime spécifique selon lequel aucun délai n'est opposable pour le paiement des droits de succession exigibles dans l'Ile.

• Cas particuliers :

— Biens légués aux départements et aux établissements publics ou d'utilité publique : délai de souscription de la déclaration de 6 mois courant à compter du jour où l'autorité compétente a statué sur l'autorisation d'accepter le legs. L'article 644 du Code Général des Impôts précise toutefois que le délai ne peut excéder une période de deux années suivant le décès.

— Biens frappés d'indisponibilité hors de France : le délai de souscription est fixé à 9 mois à partir du jour où ces biens deviennent disponibles (*Code Général des Impôts - Annexe III article 280*).

§ 5 — Signataires et solidarité

L'article 800 du Code Général des Impôts indique que l'obligation déclarative repose sur les héritiers, légataires ou donataires.

Dans la mesure où l'obligation au paiement impose une solidarité des cohéritiers (*article 1709 du Code Général des Impôts*), la notion d'obligation déclarative varie :

— Cohéritiers : du fait de leur solidarité au paiement des droits, un seul héritier peut souscrire la déclaration pour le compte de l'ensemble de l'hérédité.

Cependant, chacun des cohéritiers peut souscrire une déclaration correspondant à ses droits dans la succession, ce qui ne changera rien à la solidarité au paiement à laquelle il reste tenu.

— Légataires et donataires : la solidarité ne joue qu'à l'égard des cohéritiers. Ainsi - sauf cas spécifique des légataires universels hors héritiers réservataires - les légataires et donataires doivent souscrire une déclaration spécifique relatant leurs droits propres dans la succession.

N.B. : A fins de simplification, il est admis qu'une déclaration unique signée par chacun des bénéficiaires serve de support à la taxation des droits de mutation par décès lorsque coexistent héritiers et légataires ou donataires.

§ 6 — Contenu de la déclaration de succession

Document fiscal permettant de liquider les droits de mutation par décès dûs par les héritiers, la déclaration de succession comporte toutes les indications relatives à la dévolution. Le droit fiscal n'a ici aucune autonomie par rapport au droit civil. Ainsi doivent figurer :

— l'Etat civil du défunt,

— la date du décès (*fait générateur des droits*),

— la désignation éventuelle du mandataire,

— les précisions concernant la dévolution :

 * date du mariage
 * régime matrimonial
 * nom et qualité des héritiers

— détail de la liquidation patrimoniale suite au décès (*énumération des biens, valeur active et passive...*).

A. *Mentions diverses*

La déclaration de succession doit comporter mention de sincérité, mention relative à l'existence d'inventaires et mentions rappelant les donations antérieures.

a) Mention de sincérité : a pour effet la mise en cause pénale du signataire en cas de fraude.

Obligatoire en vertu de l'article 802 du Code Général des Impôts, la mention de sincérité peut être manuscrite ou dactylographiée voire apposée par le moyen d'un cachet. Lorsque la déclaration est souscrite par un mandataire, ce dernier ne doit pas formuler d'affirmation de sincérité. Dans ce cas, la non existence de la mention n'exonère pas le mandant de sa responsabilité pénale en cas de fraude conformément à l'article 1837 du Code Général des Impôts.

b) Mentions relatives à l'existence d'inventaires.

La déclaration de succession doit mentionner l'existence d'inventaires, ces derniers ayant une incidence sur l'évaluation des biens transmis par décès (*supra* 2ᵉ partie). Ainsi devront figurer non seulement l'existence proprement dite des inventaires mais encore toutes précisions sur l'officier ministériel, la date de clôture et la conformité éventuelle avec les prescriptions de l'article 943 du Code de Procédure Civile.

c) Mention des donations antérieures consenties par le défunt aux héritiers, légataires ou donataires.

Cette mention est obligatoire en application de l'article 784 du Code Général des Impôts. La notion de « *rappel fiscal* » des donations antérieures est analysée lors de la liquidation des droits (cf. *infra* chapitre II).

B. Pièces annexes

La déclaration de succession doit comporter mention des pièces annexées lors de la souscription :

— Certificats attestant de la qualité des héritiers ou ayants-droit (*notamment état civil pour les enfants à charge*).

— Attestations diverses requises pour bénéficier de régimes exonérations.

— Inventaire détaillé des pièces justificatives du passif déductible (*attestation de créancier : article L 20 et L 21 du L.P.F.*).

— Toute autre pièce justificative nécessaire à la liquidation des droits.

SECTION 2

Obligations imposées à certains tiers

Afin de permettre à l'administration fiscale d'exercer son contrôle, la loi fait obligation à certaines personnes d'informer les services fiscaux de renseignements relatifs au décès.

§ 1 — Obligation des maires

Par application de l'article L 102 A du Livre des Procédures Fiscales, les maires sont tenus de fournir aux services des Impôts les relevés certifiés des actes de décès.

Officier d'Etat Civil, le maire doit indiquer sur les documents transmis le nombre d'enfants qu'avait le défunt et l'adresse des héritiers connus.

§ 2 — Obligation des assureurs

L'article 805 du Code Général des Impôts fait obligation aux assureurs de fournir certains renseignements à l'Administration fiscale lorsqu'ils ont en cours un contrat d'assurance contre le vol ou l'incendie concernant des pierreries ou objets d'art dépendant d'une succession ouverte. La même obligation joue à l'égard de contrats intéressant des biens de même nature appartenant au conjoint d'une personne décédée.

C'est ainsi que les assureurs visés par l'article 805 du Code Général des Impôts doivent informer l'Administration fiscale sur :

— le nom ou la raison sociale et le domicile de l'assureur ;

— le nom, prénom ou domicile de l'assuré ;

— la date de décès de l'assuré et/ou de son conjoint ;

— le numéro et la date de la police d'assurance ;

— la contre valeur assurée.

§ 3 — Obligations des dépositaires ou débiteurs de fonds

• L'article 806-I du Code Général des Impôts fait obligation aux personnes dépositaires ou débitrices des sommes, titres ou valeurs dépendant d'une succession d'adresser aux services fiscaux la liste de ces biens. Toutefois, cette obligation ne joue pas lorsque les seuils suivants ne sont pas atteints :

— 10 000 Francs pour les successions collatérales ou dévolues à des non parents ;

— 50 000 Francs pour les successions transmises en ligne directe ou au conjoint survivant.

N.B. : Des pénalités spécifiques sont prévues pour toute infraction à l'article 806 du Code Général des Impôts (cf. *article 1832 du Code Général des Impôts*).

• L'article 807-I du Code Général des Impôts édicte une garantie pour le Trésor selon laquelle les dépositaires ou débiteurs de titres, valeurs ou sommes quelconques ayant appartenu au défunt ne peuvent libérer les fonds visés sans présentation préalable d'un certificat du Receveur des Impôts attestant le paiement des droits ou la non exigibilité de droits de succession. La même garantie joue à l'égard des sommes dûes par les assureurs à raison du décès d'une personne, quelqu'en soit le bénéficiaire.

§ 4 — Obligations imposées à l'acquéreur d'un fonds de commerce ou d'un immeuble dévolu par succession à une personne non domiciliée en France

L'article 803 du Code Général des Impôts fait obligation à l'acquéreur d'un bien « noble » ou « à assiette fixe » dépendant d'une succession dévolue à une personne non domiciliée en France d'exiger la production d'un certificat du comptable des Impôts constatant l'acquittement préalable des droits ou la non exigibilité des droits de succession. La non observation de cette obligation met en jeu les sanctions spécifiques de l'article 1833 du Code Général des Impôts. Le Receveur pourra dans ce cas exiger de l'acquéreur ou du notaire le paiement des droits dûs par le vendeur défaillant.

Chapitre 2

LA LIQUIDATION DES DROITS DE SUCCESSION

La liquidation des droits s'effectue sur la part recueillie par chaque ayant droit intervenant dans la succession. Seul le Receveur des Impôts est maître du calcul et du recouvrement des droits qui doivent être acquittés préalablement à la formalité accomplie sur présentation de la déclaration de succession.

§ 1 — Détermination de la part de chaque ayant droit

La détermination de la part des ayants droit est effectuée d'après les éléments contribuant au calcul de l'actif successoral dans la déclaration de succession. Le schéma simplifié suivant peut être retenu comme méthode d'approche qui résume les opérations aboutissant à la part nette taxable.

A. *Opérations nécessaires en régime communautaire*

Le défunt était marié sous un régime de communauté et le mariage persistait au décès (cf. *supra* 1re partie).

a) Analyse du régime matrimonial

La personne chargée de la liquidation des droits de succession doit ici tenir compte des règles civiles. Pour exemple, il ne faut par perdre de vue la date de la célébration civile du mariage qui déterminera la nature exacte du régime communautaire « légal ». C'est également à ce niveau que doivent être étudiées les clauses insérées dans un contrat de mariage (*ou dans une convention postérieure conforme à l'article 1397 du Code Civil*).

b) Liquidation du régime matrimonial

L'objet de cette phase consiste à bien cerner les droits respectifs de chaque époux sur les biens laissés au décès de l'un d'eux. C'est ici que jouent les règles de liquidation des reprises et récompenses. A ce niveau est déterminé le Boni de Communauté dont la moitié échoit à la succession.

c) Reconstitution des biens ayant appartenu au défunt

Il s'agit ici de constater sur la déclaration de succession les biens propres existant au décès. Les règles civiles sont sur ce plan les seules opérationnelles (cf. *supra* 1ere partie). Pour exemple, la succession constatera la reprise en nature d'un immeuble propre évalué selon les règles fiscales en vigueur (cf. *supra* 2e partie).

d) Déduction des récompenses de l'actif successoral

Il est ici fait déduction des récompenses dûes à la Communauté par la Succession. Pour mémoire, il est rappelé que ces sommes ont été incluses dans le Boni de Communauté.

En sens inverse, les reprises sont rajoutées à l'actif successoral pour le montant qui avait été déduit du Boni de Communauté.

En fait, il s'agit de rétablir les équilibres entre patrimoine propre et masse commune. Les sommes apportées à titre de récompense à la masse commune lors de la liquidation de la communauté viennent en déduction de l'actif successoral (*et inversement*).

e) Déduction du passif successoral

Les dettes admises fiscalement en déduction sont imputées de l'actif brut résultant des opérations ci-dessus décrites. Les règles touchant à la déductibilité des dettes sont applicables ici (cf. *supra* 2e partie).

B. Opérations nécessaires en régime conventionnel autre que communautaire

La difficulté essentielle consiste ici à bien apprécier l'incidence patrimoniale des clauses du contrat. En effet, dans ce cas de figure, la déclaration de succession ne fait mention que des biens ayant appartenu au défunt et se retrouvant au décès pour les régimes séparatistes. La difficulté majeure de ces liquidations spéciales réside dans l'application du régime mixte de la participation aux acquêts (cf. *supra* 1re partie).

§ 2 — Détermination des parts taxables

Les opérations ci dessus rappelées ont pour effet de définir la masse successorale. A partir de cette masse, il convient de déterminer les parts nettes de chaque ayant droit. Ce calcul incombe au Receveur des Impôts qui liquidera les droits de mutation par décès au vu de la déclaration de succession.

La succession constitue le maillon final de la chaîne des transmissions patrimoniales. C'est ainsi le moment où les ayants droit et l'Administration font le « bilan », les uns pour apprécier si les droits de la réserve n'ont pas été écornés par des libéralités antérieures, l'autre pour vérifier que l'intégrité des droits dûs au Trésor est respectée.

A. Rappels sommaires sur la notion civile du rapport des libéralités

En présence de succession ab intestat, le dispositif de la dévolution successorale légale (cf. *supra* 1re partie) n'a de sens que si un mécanisme permet au décès d'une personne de contrôler les transmissions antérieures.

En effet, le principe d'égalité ne peut être effectif qu'au prix d'une réintégration dans la masse héréditaire des biens donnés sans que le défunt ait exprimé sa volonté de gratifier particulièrement le donataire présomptif héritier.

Ainsi, les libéralités peuvent avoir été consenties sous deux formes :

— donations en avancement d'hoirie ;

— donations préciputaires ou hors part.

Comme leur nom l'indique, les premières ne constituent qu'une avance à valoir sur la part d'héritage qui adviendra au décès du donateur. Elles doivent être rapportées, c'est à dire intégrées à la masse des biens successoraux avant la détermination des parts des héritiers ab intestat.

Les secondes résultent bien de la volonté du défunt de gratifier de façon privilégiée pour une quotité déterminée par préciput et hors part réservataire. Bien entendu, si ces donations profitent définitivement au donataire non astreint à l'obligation de rapport du montant donné, elles ne peuvent en aucun cas porter atteinte à la réserve des ascendants et descendants (cf. *supra* 1re partie). Une telle disposition doit être expresse (*article 843 du Code Civil*).

B. Incidence du rapport des donations sur la détermination des parts taxables

Le rapport doit se faire avant la détermination des parts nettes taxables. Il s'effectue donc à la masse des biens et en moins prenant, c'est-à-dire en valeur (*par disposition expresse du donateur, le rapport peut se faire en nature*). L'article 860 du Code Civil indique « le rapport est dû de la valeur du bien donné à l'époque du partage — de succession — d'après son état à l'époque de la donation ». Le montant rapporté en valeur garantit ainsi les cohéritiers ab intestat de l'application scrupuleuse des mécanismes de dévolution légale.

Exemple d'application simple.

Une personne A est décédée laissant trois enfants — B, C, D —. Antérieurement au décès, A avait gratifié B d'un bien de valeur 1 000 et C d'un bien de valeur 500 (*à titre préciputaire pour la donation à C*).

Au décès, le patrimoine successoral transmis est estimé à 11 000. La détermination des parts nettes, en l'absence de conjoint survivant sera faite de la façon suivante :

Patrimoine de A : Masse nette :	11 000
Rapport de la donation à B :	1 000
Masse reconstituée	12 000

« La donation faite à B est réputée rapportable en l'absence de stipulation contraire ».

Parts nettes taxables :

B : 1/3 soit 4 000	- rapport	=	3 000
C : 1/3 soit 4 000 (pas de rapport)		=	4 000
D : 1/3 soit 4 000		=	4 000
			11 000

On le voit, la somme des biens attribués est égale en valeur aux biens existant au décès. La répartition tient compte du rapport de la donation en avancement d'hoirie. La taxation se fera sur les parts nettes issues du partage de la masse reconstituée.

Ce mode de détermination, indispensable pour le respect des règles de dévolution, a pour conséquence l'introduction d'une règle fiscale dite du « rappel fiscal des donations antérieures » qui aura pour effet d'assurer une continuité de taxation des diverses mutations patrimoniales à titre gratuit entre le défunt et ses héritiers (cf. *infra* 3.3.).

§ 3 — Détermination des droits dus

La taxation des droits de succession s'effectue sur la part nette recueillie par chaque ayant droit. La Loi fiscale prévoit des abattements qui s'imputent sur la part nette et un tarif à l'issue duquel peuvent être déduites des sommes variables au titre des réductions de droits. Le régime applicable est celui défini par la loi de Finances lors du fait générateur, c'est a dire le décès.

A. Déduction des abattements sur la part nette de chaque ayant droit

D'un point de vue strictement sémantique, il est fait observer que, s'agissant d'un abattement, ce dernier va s'imputer sur la base (assiette) des droits de succession. Le montant des abattements admis par la loi fiscale varie selon le lien de parenté avec le défunt :

a) Successions en ligne directe et entre époux

L'article 779-I du Code Général des Impôts permet d'effectuer un abattement sur la part du conjoint survivant, sur celle de chaque enfant vivant ou représenté ainsi que sur celle de chacun des ascendants.

En cas de dévolution avec représentation (cf. *supra* 1re partie), le montant des abattements consentis au représenté est réparti entre les représentants arrivant à la succession. Ainsi, même en matière fiscale, la représentation ne crée pas de droit nouveau.

Exemple de détermination de l'assiette des droits en présence d'héritiers en ligne directe et d'un conjoint survivant (décès postérieur au 1.01.1992) :

— soit une succession de 1 000 000 F dévolue :

* à l'époux survivant, usufruitier légal du quart (*valeur 4/10*) ;

* à un enfant ;

* à deux petits enfants par représentation.

— calcul de la part nette de chaque ayant droit :

* l'époux survivant : 1 000 000 x 1/4 x 4/10 = 100 000 F

* enfant : (1000 000 F - 100 000 F) x 1/2 = 450 000 F

* chaque représentant : 450 000 F x 1/2 = 225 000 F

— actif taxable :

* le conjoint survivant : 100 000 F – 330 000 F. = néant.

Les abattements ont absorbé la part taxable. Aucun reliquat ne peut être reporté sur les parts des autres héritiers.

* l'enfant :

Part recueillie :	450 000 F
Abattement :	- 300 000 F
Taxable :	150 000 F

* chaque petit enfant :

Part recueillie :	225 000 F
Abattement (300 000F/2)	- 150 000 F
	75 000 F

b) Successions en ligne collatérale ou entre non parents

• Abattement spécial entre frères et sœurs : l'article 788 -I du Code Général des Impôts applique sur la part recueillie par des frères et sœurs un abattement de 100 000 F. Trois conditions doivent cependant être réunies :

— au moment du décès, le frère ou la sœur héritant doit être célibataire, veuf ou divorcé (*ou séparé de corps*) ;

— à l'ouverture de la succession, l'héritier doit être âgé de plus de 50 ans ou atteint d'une infirmité lui interdisant de subvenir aux nécessités de l'existence ;

— L'héritier doit avoir été constamment domicilié avec le défunt pendant les cinq années ayant précédé le décès.

• Abattement général : à défaut d'autre possibilité, la loi fiscale (*article 788-II du Code Général des Impôts*) permet aux ayants droit de déduire 10 000 F sur la part nette recueillie.

c) Abattement spécial de l'article 779-II du Code Général des Impôts

Ce texte précise : « pour la perception des droits de mutation à titre gratuit, il est effectué un abattement de 300 000 F sur la part de tout héritier, légataire ou donataire, incapable de travailler dans des conditions normales de rentabilité, en raison d'une infirmité physique ou mentale, congénitale ou acquise ».

Notons que la seule circonstance du handicap, même reconnu médicalement ou par des organismes spécialisés, ne suffit pas à faire bénéficier de cet abattement. Une jurisprudence nourrie est née sur la notion de « travail dans des conditions normales de rentabilité » (voir à titre d'exemple : Cassation Commerciale 25 juin 1985, **D. G. I.** contre CASANOVA).

Par ailleurs, cet abattement ne se cumule pas avec ceux prévus au profit des héritiers en ligne directe, conjoint ou frères et sœurs.

d) Régime des abattements à appliquer sur la part nette taxable/synthèse

	Bénéficiaires	Références C.G.I	Montant		Observations
			avant 1.01.92	après 1.01.92	
1	Conjoint survivant Enfants	779 I 779 I	275 000 F 275 000 F	330 000 F 300 000 F	cf. annexe I
2	Frères et sœurs	788 I	100 000 F	Inchangé	régime conditionnel
3	Autres	788 II	10 000 F	Inchangé	régime « général »
4	« Handicapés »	779 II	300 000 F non cumulable avec 1 et 2	300 000 F cumulable avec 1 et 2	impossibilité de travailler dans des conditions normales de rentabilité

B. Application des tarifs légaux (article 777 du Code Général des Impôts)

Les taux des droits de succession sont, selon le lien de parenté avec le défunt, soit progressifs, soit proportionnels :

a) Taux progressifs

- Droits applicables en ligne directe :

Fraction de part nette taxable	Taux
Inférieure à 50 000 F	5 %
Comprise entre 50 000 et 75 000 F	10 %
Comprise entre 75 000 et 100 000 F	15 %
Comprise entre 100 000 et 3 400 000 F	20 %
Comprise entre 3 400 000 et 5 600 000 F	30 %
Comprise entre 5 600 000 et 11 200 000 F	35 %
Supérieure à 11 200 000 F	40 %

• Droits applicables entre époux :

Fraction de part nette taxable	Taux
Inférieure à 50 000 F	5 %
Comprise entre 50 000 et 100 000 F	10 %
Comprise entre 100 000 et 200 000 F	15 %
Comprise entre 200 000 et 3 400 000 F	20 %
Comprise entre 3 400 000 et 5 600 000 F	30 %
Comprise entre 5 600 000 et 11 200 000 F	35 %
Supérieure à 11 200 000 F	40 %

• Droits applicables en ligne collatérale :

Fraction de part nette taxable	Taux
Inférieure à 150 000 F	35 %
Supérieure 150 000 F	45 %

b) Taux proportionnels :

— parents jusqu'au 4e degré inclusivement : 55 %

— parents au delà du 4e degré et non parents : 60 %

Observations

Il est précisé que les tarifs ci dessus rappelés frappent les mutations à titre gratuit. Ils s'appliquent ainsi tant aux donations qu'aux successions. Par ailleurs, du fait de la progressivité, il faut calculer séparément la part des descendants et celle des représentants. Une simple division par tête des droits d'un enfant vivant ne peut en effet donner le résultat correct des droits des petits enfants arrivant par représentation.

D'autre part, le fait générateur des droits est constitué par le décès. C'est donc à la date du décès qu'il faut se placer pour apprécier le tarif applicable aux droits de succession.

C. Le rappel fiscal des donations antérieures

a) Le principe

Cette notion à distinguer du rapport civil de certaines donations permet d'opérer une unité de taxation au décès d'une personne. A cet effet, l'article 784 du Code Général des Impôts dispose :... « la perception est effectuée en ajoutant à la valeur des biens compris dans la donation ou la déclaration de succession celle des biens qui ont fait l'objet de donation antérieure et, lorsqu'il y a lieu à application d'un tarif progressif, en considérant ceux de ces biens dont la transmission n'a pas été encore assujettie aux droits de mutation à titre gratuit comme inclus dans les tranches les plus élevées de l'actif imposable ».

Pour le calcul des abattements et réductions édictées par les articles 779 et 780, il est tenu compte des abattements et des réductions effectués sur les donations antérieures consenties par la même personne.

Observons tout d'abord que ces dispositions ont un caractère général : le rappel fiscal des donations antérieures consenties par la même personne concerne toutes les donations. Peu importe qu'elles aient été faites en avancement d'hoirie ou à titre préciputaire et hors part.

Ensuite, l'objet de ce texte doit être mis en évidence. Il s'agit pour le droit fiscal de considérer qu'il y a unicité des transmissions à titre gratuit entre une même personne et ses héritiers présomptifs. Tout d'abord la personne fait donation de certains de ses biens à ses héritiers présomptifs (*ou à certains d'entre eux seulement*). Ensuite, à son décès, cette personne transmet par succession son patrimoine aux mêmes héritiers présomptifs. Comme en droit civil on peut considérer que le droit fiscal fait le « bilan » des transmissions à titre gratuit opérées entre même intervenants (*le défunt, ses présomptifs héritiers*) lors de la succession.

L'article 784 du Code Général des Impôts permet de tirer les conséquences de cette unicité de transmissions à titre gratuit.

D'une part, au niveau des abattements et des réductions de droits (cf. *infra*) il est fait masse de tous les avantages légaux dont ont pu se prévaloir les donataires héritiers présomptifs et/ou légataires pour apprécier si un solde est imputable sur leur part nette taxable à la succession du donateur.

D'autre part, l'article 784 du Code Général des Impôts ne peut méconnaître le principe « non bis in idem » selon lequel on ne taxe jamais deux fois la même disposition. C'est pourquoi le calcul des droits se fera, lors de la succession, sur les parties du barême non entamées par les donations antérieures.

En résumé il est possible de dire que le rappel des donations antérieures de l'article 784 du Code Général des Impôts a pour objet de traiter fiscalement la succession en faisant application de l'abattement, du tarif et des réductions éventuelles une seule fois pour toutes les transmissions à titre gratuit entre deux personnes.

N.B. :Les dispositions de la loi n°91-1322 du 30 décembre 1991 *(article 15-I-1° et 2°)* exonèrent de la règle du « rappel fiscal » pour la perception des droits les donations antérieures passées depuis plus de dix ans. Ces donations s'entendent de celles qui sont régulièrement opposables à l'administration (véritables donations enregistrées) dont le délai de dix ans est décompté de quantième à quantième du jour où sa date certaine est opposable aux tiers.

Les biens antérieurement donnés régulièrement depuis plus de dix ans ne sont plus à réintégrer à la masse taxable de l'actif successoral et les fractions d'abattements et/ou de réductions de droits utilisés lors de la taxation de la donation antérieure ne viennent pas en déduction des abattements et/ou réductions de droits lors de la taxation de la succession.

b) Exemple chiffré d'application (régime antérieur au 1-01-1992)

— Par acte du 30 septembre 1960, Monsieur DUPOND, veuf non remarié, fait donation à son fils Antoine d'un immeuble lui appartenant d'une valeur de 100 000 F. Cette donation est consentie à titre préciputaire et hors part avec dispense expresse de rapport et acceptée par le donataire.

— Par acte du 18 avril 1974, Monsieur DUPOND fait donation à titre de donation en avancement d'hoirie à deux de ses enfants, Antoine et Cléopâtre, qui acceptent, de divers biens de valeur 150 000 F pour Antoine et 320 000 F pour Cléopâtre.

— Le 21 avril 1990 Monsieur DUPOND décède, laissant à ses enfants seuls héritiers Antoine, Cléopâtre et Octave un patrimoine estimé à 985 000 F. (*actif net successoral avant rapport des donations*).

Liquidation de la succession de Monsieur DUPOND

Pour appliquer les dispositions de l'article 784 du Code Général des Impôts, il faut reconstituer chacune des phases de taxation des donations antérieures à la succession. L'annexe n° 1 retrace les différents régimes applicables depuis 1960.

- taxation de la donation du 30 septembre 1960 :

— valeur nette des biens reçus :	100 000 F
— Abattements utilisés par le fils Antoine :	100 000 F
— Taxable	Néant

- taxation de la donation du 18 avril 1974 :

— biens reçus par Antoine :

Valeur nette :	150 000 F
Abattements résiduels : (175 000 F - 100 000 F)	75 000 F
Taxable :	75 000 F

Droits dus :

50 000 x 5 % =	2 500 F
25 000 x 10 % =	2 500 F.
Total :	5 000 F

- biens reçus par Cléopâtre :

— Valeur nette :	320 000 F
— Abattements :	175 000 F
— Taxable :	145 000 F

Droits dus :

500 000 F à 5 % =	2 500 F
25 000 F à 10 % =	2 500 F
25 000 F à 15 % =	3 750 F
45 000 F à 20 % =	9 000 F
Total :	17 750 F

- taxation de la succession de Monsieur DUPOND

— détermination de la masse taxable :

biens existant au décès :	985 000 F
rapport des donations du 18.04.1974	470 000 F
Total	1 455 000 F

N.B. : Le rapport s'effectue à la masse et seules les donations en avancement d'hoirie non dispensées expressément sont rapportables. La donation du 30 septembre 1960 reste une libéralité acquise définitivement à Antoine dans le cadre de la quotité disponible.

— Détermination des parts nettes taxables :

Antoine	: 485 000 F
Rapport	: 150 000 F
Total	: 335 000 F
Cléopâtre	: 485 000 F
Rapport	: 320 000 F
Total	: 165 000 F
Octave	: 485 000 F

N.B. : Le total des parts nettes est bien égal à la valeur du patrimoine existant au décès de Monsieur DUPOND. L'application du rapport civil des donations antérieures a simplement permis une répartition équitable de l'héritage (*exception faite des libéralités consenties à titre préciputaire et hors part*).

— Détermination des droits dus (*application de l'article 784 du Code Général des Impôts pour les abattements et les droits*).

Antoine	Part taxable	335 000 F
	Abattements résiduels	100 000 F
	275 000 - (100 000 + 75 000)	
	Taxable	235 000 F
	Droits dus :	
	25 000 à 15 % =	3 750 F
	210 000 à 20 % =	42 000 F
	Total :	45 750 F
Cléopâtre	Part taxable	165 000 F
	Abattements résiduels	100 000 F
	(275 000 - 175 000)	
	Taxable :	65 000 F
	Droits dus :	
	65 000 à 20 % =	13 000 F
Octave :	Part taxable	485 000 F
	Abattements	275 000 F
	Taxable :	210 000 F
	Droits dus :	
	50 000 F à 5 % =	2 500 F

25 000 F à 10 % =	2 500 F
25 000 F à 15 % =	3 750 F
110 00 F à 20 % =	22 000 F
Total :	30 750 F

Cette façon de procéder peut sembler fastidieuse et complexe. Elle illustre cependant très concrètement les règles applicables tant du rapport des donations (*article 843 du Code Civil*) que du rappel fiscal (*article 784 du Code Général des Impôts*). Une méthode plus simple et plus synthétique permet d'aboutir au résultat plus rapidement :

Exemple de calcul sur la succession de Monsieur DUPOND

Reçu par Antoine :	335 000 F
Donation du 30 septembre 1960	100 000 F
Donation du 18 avril 1974	150 000 F
Total	585 000 F
Abattements au décès (1990)	275 000 F
Taxable	310 000 F

Droits dus :

50 000 F à 5 % =	2 500 F
25 000 F à 10 % =	2 500 F
25 000 F à 15 % =	3 750 F
210 000 F à 20 % =	42 000 F
Total :	50 750 F
Déduction des droits payés lors des donations (« non bis in idem »)	5 000 F
Dus sur la succession de Monsieur DUPOND	45 750 F.

N.B. : Il s'agit bien de la même somme que celle résultant de la lère méthode. Combiner les deux façons de calculer a pour avantage de mettre en œuvre une procédure de contrôle pour la liquidation des droits.

c) Exemple chiffré d'application (régime postérieur au 1.01.1992)

Pour illustrer les nouvelles conditions d'application de la règle du « rappel fiscal », supposons que M. DUPOND soit décédé le 21 avril

1993 et que la donation en avancement d'hoirie a été faite au bénéfice d'Antoine et Cléopâtre par acte du 18 avril 1984.

— Taxation de la donation du 30 septembre 1960 : situation inchangée, se reporter à l'exemple précédent.

— Taxation de la donation du 18 avril 1984.

• biens reçus par Antoine :

Valeur nette :	150 000 F
Abattements résiduels :	175 000 F
(275 000 F - 100 000 F)	
Abattements utilisés :	150 000 F
Taxable	Néant

• biens reçus par Cléopâtre :

Valeur nette :	320 000 F
Abattements :	275 000 F
Taxable :	45 000 F
Droits dus	
	45 000 x 5 % = 2 250 F

— La taxation de la succession doit être calculée comme suit :

• détermination de la masse taxable :

Biens existant au décès :	985 000 F
Rapport des donations du 18.04.84 :	470 000 F
Total	1 455 000 F

• Détermination des parts taxables :

Antoine :	485 000 F
Rapport :	150 000 F
TOTAL	335 000 F
Cléopâtre :	485 000 F
Rapport :	320 000 F
TOTAL	165 000 F
Octave :	485 000 F

• Détermination des droit dus :

Antoine : Part taxable :	335 000 F
Abattements résiduels :	150 000 F

(300 000 F - 150 000 F utilisés lors de la donation du 18.04.1984)

Taxable :	185 000 F
Droits dus :	
50 000 F à 5 % =	2 500 F
25 000 F à 10 % =	2 500 F
25 000 F à 15 % =	3 750 F
85 000 F à 20 % =	17 000 F
TOTAL	25 750 F

Cléopâtre : Part taxable : 165 000 F

Abattements résiduels : 25 000 F

(300 000 F - 150 000 F utilisés lors de la donation du 18.04.1984)

Taxable :	140 000 F
Droits dus :	
50 000 F à 5 % =	250 F
25 000 F à 10 % =	2 500 F
25 000 F à 15 % =	3 750 F
85 000 F à 20 % =	17 000 F
TOTAL	23 500 F

Observations : dans cet exemple, les nouvelles règles fixées par la loi du 30 décembre 1991 ont pour effet de « gommer » les abattements utilisés par Antoine lors de la donation du 30 septembre 1960 (donation de plus de dix ans). En revanche, la donation du 18 avril 1984 n'est pas antérieure de dix ans par rapport au décès de M. DUPOND, le « rappel fiscal » est applicable selon les prescriptions de l'article 784 du Code Général des Impôts.

Octave : Part taxable :	485 000 F
Abattements :	300 000 F
Taxable :	185 000 F
Droits dus :	25 750 F (même liquidation que pour Antoine)

D. Les réductions de droits

a) Les dispositions de l'article 780 du Code Général des Impôts bénéficient aux héritiers, légataires et/ou donataires chargés de famille sous certaines conditions :

— avoir trois enfants ou plus, vivants ou représentés au jour d'ouverture de la succession,

— produire un certificat de vie pour chacun des enfants ouvrant droit à la réduction ou un acte de décès concernant les enfants décédés portérieurement au fait générateur de la succession dont leur auteur est héritier ou légataire.

L'article 781 du Code Général des Impôts précise la notion d'enfant vivant ou représenté :

— personne décédée après avoir atteint l'âge de 16 ans révolus (acte de décès à fournir),

— enfant âgé de moins de 16 ans mais décédé par suite de faits de guerre (acte de notoriété établissant les circonstances du décès à fournir).

Le montant de la réduction accordée est :

— successions en ligne directe et entre époux :

100 % des droits plafonnés à 4 000 F par enfant à partir du troisième.

— autres successions :

100 % des droits plafonnés à 2 000 F par enfant à partir du troisième.

Exemple d'application

Supposons que dans l'exemple de liquidation évoqué plus haut, Antoine ait quatre enfants vivants au sens de l'article 780 du Code Général des Impôts lors du décès de son père Monsieur DUPOND.

Sur présentation des justificatifs exigés par la loi en appui de la déclaration de succession, le montant des droits afférent à sa part taxable pourra être réduit de la façon suivante :

Droits dus au décès de Monsieur DUPOND : 45 750 F

Réduction de droits	
(article 780 du Code Général des Impôts)	8 000 F
Dus sur la part d'Antoine	37 750 F

Observations : l'article 784 du Code Général des Impôts s'applique pour les réductions de droits comme pour les abattements. C'est un avantage personnel à l'héritier qui s'en prévaut et il ne peut jouer qu'une seule fois pour l'ensemble des transmissions à titre gratuit. Ainsi, au décès, il convient de faire le solde des réductions restant à l'héritier et, le cas échéant, de ne déduire que le montant résiduel si, donataire du défunt antérieurement au décès, il a déjà bénéficié d'une partie des réductions auxquelles il peut prétendre eu égard à sa situation familiale.

b) Réduction de droit spéciale de l'article 782 du Code Général des Impôts

Cette situation bénéficie aux héritiers et/ou aux légataires mutilés de guerre invalides à 50 % au moins. L'effet de cette disposition est de réduire de moitié les droits dus avec un plafond de 2 000 F.

§ 4 — Liquidations particulières

A. *Renonciations à une succession*

Tout héritier peut renoncer à recueillir une succession. Cette possibilité est reconnue par les articles 785 et suivants du Code Civil. Dans ce cas, la part de l'héritier renonçant accroît la part des autres héritiers.

En matière fiscale, l'article 785 du Code Général des Impôts organise un dispositif spécial destiné à protéger les droits du Trésor. En effet, en cas de renonciation, le Receveur des Impôts est tenu de procéder à une double liquidation. D'une part, il calcule les droits en retenant l'hypothèse où le renonçant aurait accepté sa part de succession. D'autre part, il détermine les droits des héritiers acceptant la succession en intégrant à leur part celle du renonçant. Les droits de succession à payer ne pourront pas être « inférieurs à ceux que le renonçant aurait payés, s'il avait accepté ».

B. Succession entre adoptant et enfant adoptif

L'article 786 du Code Général des Impôts dispose qu'« il n'est pas tenu compte du lien de parenté résultant de l'adoption simple ».

Ainsi, sauf dans les sept cas visés par l'article 786 du Code Général des Impôts, le tarif applicable est celui prévu entre personnes non parentes.

Dans le cas d'adoption pleinière, les adoptés bénéficient des mêmes droits que les enfants légitimes.

Chapitre 3

LE PAIEMENT DES DROITS DE SUCCESSION

L'objet de la déclaration de succession est de permettre au fonctionnaire compétent, le Receveur des Impôts, de recouvrer les droits de mutation par décès.

§ 1 — Paiement des droits à la recette des Impôts

La recette compétente est celle dans le ressort territorial de laquelle était situé le domicile du défunt. Seul le Receveur des Impôts est habilité à accomplir la formalité d'Enregistrement de la déclaration de succession.

A. Modalités de paiement

Les principes généraux des droits d'enregistrement s'appliquent aux droits de succession :

a) Paiement préalable : les héritiers ont la faculté de verser des acomptes mais la formalité de l'enregistrement ne sera accomplie qu'au versement du solde.

b) Paiement effectif : les ayants droit doivent réaliser le paiement en espèces ou par tout autre moyen de règlement assimilé (*virement postal, chèque bancaire...*).

Il faut noter qu'en matière de succession, les héritiers peuvent se libérer des droits par paiement en valeurs d'Etat et/ou par remise d'œuvres d'art (*sous réserve d'agrément par une commission spéciale*) [1].

B. Cas particuliers

Pour les droits de mutation par décès, les héritiers peuvent bénéficier des dispositions de l'article 1717 du Code Général des Impôts et payer les droits selon les modalités du paiement différé, fractionné ou fractionné et différé (cf. *B 0I 7.A.3.85.*).

a) Paiement fractionné : il s'agit en fait d'un crédit sollicité par les héritiers auprès du receveur.

— Principe : le paiement des droits est fait selon un échéancier, comme en matière de crédit bancaire.

— Déchéance du crédit : en deux cas, défaut de constitution de garanties ou retard dans le paiement d'un terme échu, le Receveur exigera le paiement immédiat des sommes dues ainsi qu'une indemnité de retard. Le paiement par anticipation est admis.

b) Paiement différé

— Principes : exception au principe de paiement immédiat des droits d'enregistrement, le paiement différé permet de reporter le paiement des droits de succession dans trois cas.

— Cas d'application :

* Successions comportant dévolution de biens en nue propriété. Mais l'effet du paiement différé est de taxer le successible sur la valeur en pleine propriété au terme du crédit.

* Successions donnant lieu à l'attribution préférentielle de droit prévue par l'article 832 du Code Civil.

* Successions donnant lieu à la réduction de la libérabilité ayant pour objet un des biens visés par l'article 832 du Code Civil.

— Dispositions particulières : le paiement différé ne porte que sur :

* La valeur imposable de la nue-propriété,

1. Cf. n° 7-1984, *Revue Française de Finances Publiques*.

* Le montant des sommes pour lesquelles les héritiers ou légataires ont obtenu un délai de paiement.

— Date à laquelle le paiement devient exigible : échéance du sixième mois suivant :

* La date de la réunion de l'usufruit à la nue-propriété,

* Le terme du délai imparti à l'attributaire (cf. *article 832 du Code Civil*).

— Délais autorisés pour le paiement différé :

* Nue-propriété : illimité, jusqu'à la réunion à l'usufruit,

* attribution préférentielle de l'article 832 du Code Civil : 5 ans,

* réductions de libéralités liées à l'article 832 du Code Civil : 10 ans.

c) Paiement différé et fractionné

— Principe : pour les mutations par décès, cette modalité de paiement vise l'ensemble des biens affectés à l'exercice d'une activité profesionnelle exercée précédemment par le défunt. De même, donnent ouverture à ce mode de crédit les parts sociales ou actions d'une société exploitée par le défunt, non cotée en bourse et dont le successible recueille au moins 5 % du capital social.

— Modalités du paiement différé :

* les droits sont fractionnés sur 10 ans,

* les intérêts du crédit sont différés de 5 ans.

— Déchéance du régime : cession dans le délai de crédit de plus du tiers des biens ouvrant au bénéfice du régime.

§ 2 — Solidarité au paiement

L'article 1709 du Code Général des Impôts stipule « les droits des déclarations des mutations par décès sont payés par les héritiers, donataires et légataires. Les cohéritiers sont solidaires ».

Ainsi, comme en matière civile, les légataires ne sont tenus qu'au paiement des droits calculés sur leur legs sans solidarité avec les autres ayants droit. Une exception joue contre le légataire universel arrivant à la succession hors héritiers réservataires.

Pour le conjoint survivant, la loi lui reconnait le caractère d'héritier. On a vu plus haut que, dans la majorité des cas, ses droits relèvent d'une vocation légale à recueillir un usufruit lorsqu'il est en présence d'héritiers des trois premiers ordres de la dévolution ab intestat. C'est pourquoi la solidarité du conjoint est reconnue lorsqu'il recueille ses droits par application de la loi. Pour tous les autres cas, il sera considéré comme un légataire et ne sera tenu qu'au paiement de sa part recueillie grâce à une disposition expresse (*donation entre époux*).

Chapitre 4

LE POUVOIR DE CONTRÔLE DE L'ADMINISTRATION

L'administration fiscale exerce son droit de contrôle à deux titres :

— contrôle des énonciations de la déclaration de succession et des incidences au plan de la taxation ;

— contrôle des insuffisances ou omissions (*de déclaration et/ou d'éléments particuliers ne figurant pas dans une déclaration souscrite*).

L'exercice du droit de contrôle de la Direction Générale des Impôts est sanctionné par le juge de l'ordre judiciaire (*Tribunal de Grande Instance, Cour de Cassation*). Il est subordonné aux règles légales de prescription de l'action administrative.

A l'issue du contrôle, le redevable défaillant se verra appliquer les sanctions fiscales, variables selon la procédure utilisée par les services à son encontre (*procédure contradictoire ou procédure d'office*).

SECTION 1

Les limites d'exercice du contrôle dans le temps

Le droit de contrôle de l'administration ne peut s'exercer au-delà d'une période déterminée par la loi. La prescription a pour effet d'éteindre l'obligation du contribuable au paiement de l'impôt par le seul fait du temps écoulé. En matière de droits d'enregistrement la prescription abrégée et décennale coexistent, ce qui n'est pas sans engendrer des conflits.

§ 1 — La prescription abrégée

La prescription abrégée est le délai général de reprise donné à l'administration pour exercer son droit de contrôle. L'administration est autorisée à modifier l'assiette des droits d'enregistrement jusqu'à l'expiration de la troisième année suivant celle au cours de laquelle l'exigibilité des droits omis a suffisamment été révélée article L. 180 L.F.P. Les droits de mutation par décès n'échappent pas à cette limite, lorsque les conditions suivantes sont réunies :

— enregistrement d'un acte ou d'une déclaration,

— exigibilité des droits suffisamment révélée par le document lui-même sans qu'il soit nécesaire de procéder à des recherches quelconques dévoilant le droit éludé.

Le paiement des droits de succession ne peut être exigé au-delà de la 3e année suivant celle de l'enregistrement d'un acte ou de la formalité de publicité foncière donnée à cet acte. Cet acte doit mentionner la date et le lieu du décès ainsi que le nom et l'adresse de l'un au moins des héritiers ou ayants droit (*article L 181 L.P.F.*). Mais la limite du délai de reprise ne peut concerner que le bien mentionné dans l'acte. Dans tous les autres cas, la prescription décennale s'applique.

N.B. : le fait générateur de la prescription abrégée est la date de la formalité qui rend un acte « suffisamment révélateur ».

§ 2 — La prescription décennale

La prescription décennale est le droit commun en matière fiscale. Cependant, elle ne subsiste plus guère qu'en matière de droits d'enregistrement. Lorsque les conditions d'application de la prescription abrégée ne sont pas réunies, la prescription décennale s'applique de plein droit à compter du jour du fait générateur de l'impôt (*article L. 186L.P.F.*). Elle court à compter du décès et se décompte de quantième à quantième, ne pouvant excéder le dixième anniversaire du décès.

L'énoncé de ces simples principes suscite en pratique des conflits de prescription.

§ 3 — Les conflits de prescription

Les solutions aux conflits nés de l'existence de deux prescriptions sont données par l'analyse du tableau synoptique suivant issu de la documentation de base administrative de la D. G. I..

N.B. : La limite extrême du pouvoir de contrôle de l'administration est l'échéance de la prescription décennale (cf. *2e hypothèse du tableau).*
Présentation synoptique des prescriptions prescription décennale : successions non déclarées ou biens omis dans la déclaration de succession

Outre les règles de prescriptions qui limitent dans le temps son pouvoir d'action, l'administration est obligée de respecter des règles de procédure.

SECTION 2
Les règles de procédure

La mise en œuvre du droit de reprise de l'administration se fait selon des règles de procédure contraignantes, aussi bien pour elle que pour les héritiers. Selon le cas l'administration peut mettre en œuvre la Procédure de redressement contradictoire ou de Taxation d'office.

§ 1 — La procédure de redressement contradictoire P.R.C.

Lorsque l'administration constate une omission, inexactitude, insuffisance ou dissimulation dans les éléments figurant dans les déclarations de succession, les redressements sont effectués selon la procédure de redressement contradictoire. Cette procédure relève du droit commun d'intervention de l'administration prévu aux articles L 56 et L 57 du L.P.F. et repose sur un dialogue entre le service du contrôle et les redevables de l'impôt. Le support de la procédure est constitué par une notification de redressements qui doit comporter tous les éléments de nature à ouvrir utilement le dialogue administration-administré. Le

Présentation synoptique des prescriptions
Prescription décennale : successions non déclarées ou biens omis dans la déclaration de succession

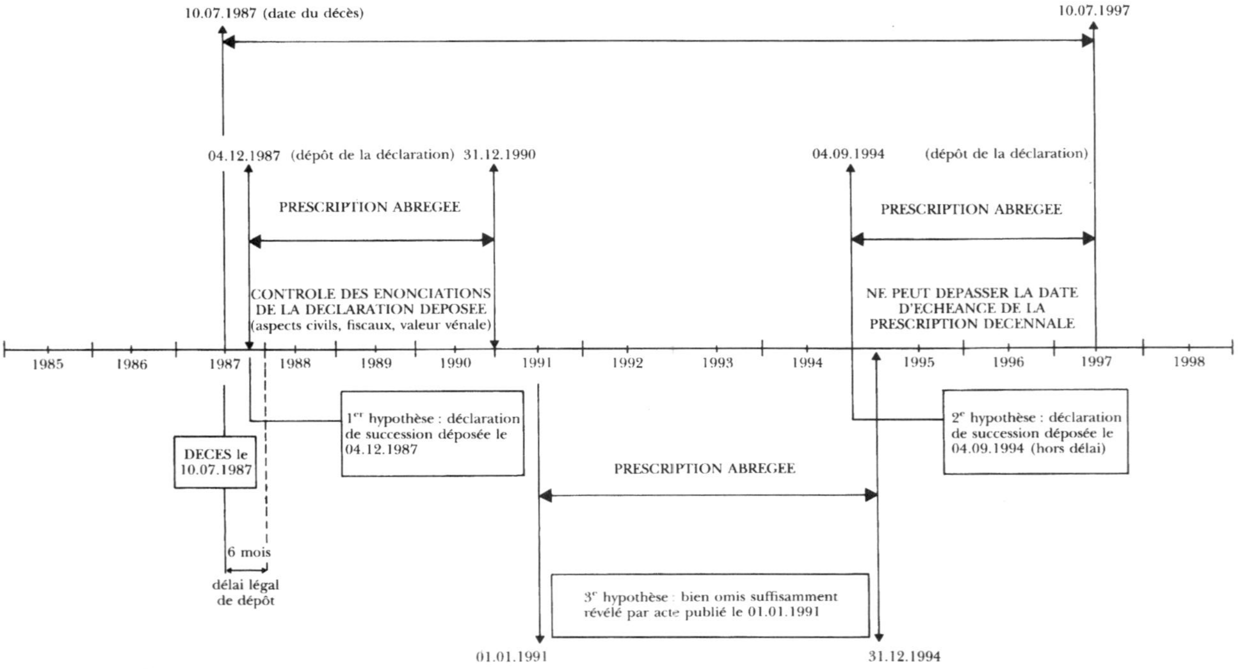

destinataire de la notification de redressement doit être le légataire ou l'héritier. Lorsque la solidarité joue, le document de procédure peut être adressé à l'un quelconque des cohéritiers pour le compte de la succession. Cette procédure s'effectue sous contrôle du juge de l'ordre judiciaire.

§ 2 — La procédure de taxation d'office

Lorsque les héritiers se sont abstenus de souscrire la déclaration de succession dans le délai légal, l'administration est autorisée à user de la procédure de taxation d'office (*article L 66-4 du L.P.F.*). Sa mise en œuvre est subordonnée à l'envoi préalable d'au moins une mise en demeure de régulariser la situation dans un délai de 90 jours (article L 67 du L.P.F.).En pratique l'envoi de la première mise en demeure n'intervient pas avant l'expiration du 12e mois suivant le décès, conformément aux prescriptions de la loi du 8 juillet 1987 (*n° 87-502*).

Si malgré l'envoi d'au moins une mise en demeure, le contribuable ne dépose toujours pas la déclaration de succession, l'administration porte à la connaissance du redevable les motifs de la procédure ainsi que les modalités de détermination des bases ou éléments servant au calcul des impositions. Cette procédure est très sévère : cette notification n'ouvre pas de dialogue administration administré ; par ailleurs elle renverse la charge de la preuve qui doit alors être rapportée par le contribuable (*consistance de la succession et valeur des biens*).

§ 3 — Procédure spéciale à mettre en œuvre lorsque l'administration invoque la présomption de l'article 752 du Code Général des Impôts

Les agents de l'administration fiscale doivent utiliser la procédure spéciale des articles L 19 et R* 19-1 du livre des procédures fiscales en combinaison avec la Procédure de Redressement Contradictoire. En définitive, les héritiers sont invités à régulariser leur situation dans les trois mois d'une lettre (*en A.R.*) valant mise en demeure. A l'issue de ce délai, l'Administration apprécie si le redevable a apporté la preuve nécessaire à faire échec à la présomption. A défaut, elle doit notifier dans le cadre de la Procédure de Redressement Contradictoire le montant motivé des sommes réintégrées dans l'actif successoral par le jeu de l'article 752 du Code Général des Impôts.

Cette procédure spéciale mixte à pour objet de gommer les effets très abrupts d'une présomption redoutable pour les héritiers.

SECTION 3
Les sanctions fiscales

A l'issue des procédures, l'administration met en recouvrement les droits complémentaires. En règle générale, leur paiement s'accompagne de sanctions fiscales.

Le législateur a instauré deux séries de sanctions fiscales.

§ 1 — Les intérêts de retard

Ils sont exigés en cas de défaut ou d'insuffisance de paiement. Les acomptes spontanément versés par les héritiers ne font pas obstacle à la règle du paiement préalable à l'accomplissement de la formalité. Ils ont cependant un effet modérateur sur l'application des sanctions fiscales. L'administration en effet ne retiendra comme assiette des intérêts de retard que la différence entre le montant total des droits et celui des acomptes versés (*articles 1727 du Code Général des Impôts*). Les intérêts de retard peuvent se cumuler avec des majorations lorsqu'elles sont dues.

§ 2 — Les majorations de droits

A défaut de souscription d'une déclaration dans le délai imparti, le paiement des droits de mutations par décès, s'accompagne d'une majoration égale à 10 %, 40 % ou 80 % du montant total des droits dus (*article 1728 du Code Général des Impôts*).

Ce régime instauré par la loi du 8 juillet 1987 est résumé dans les tableaux ci-après.

Intérêts de retard

Nature de l'infraction	Pénalité applicable	Point de Départ	Point d'arrivée
Défaut de paiement ou Insuffisance de paiement	I.R. 0,75 % par mois (Art. 1727 CGI)	1er jour du mois qui suit : le dépôt de l'acte ou la souscription d'une déclaration à défaut, la réception de l'A.M.R.	Cas Général : Dernier jour du mois de paiement Défaut de dépôt d'un acte ou de souscription d'une déclaration : — 1er jour du mois de la N.R. soit : — Dernier jour du mois de dépôt ou de la souscription Inexactitudes ou insuffisances : Dernier jour du mois de la N.R.

N.R. : Notification de Redressement.
A.M.R. : Avis de Mise en Recouvrement (Acte authentifiant la dette).

Majorations
Art. 1728 et suivants

Nature de l'infraction	Taux de droit commun (P.R.C.)	Majorations propres à la T.O. Cas particulier des Droits de Mutation par Décès	
		Expiration 90 jours 1° M.D.	Expiration 30 jours 2° M.D.
(A) Défaut de souscription d'une déclaration ou du dépôt d'un acte (Art. 2.II loi 8/07/1987) • Dépôt tardif	10 % applicable uniquement à partir du 1er jour du 13e mois suivant le décès. (art. 2-II in fine) Loi du 8/07/1987	40 % (art. L 67 modifié LPF) applicable uniquement à partir du 1er jour du 13e mois suivant le décès.	80 % (art. L 67 modifié LPF) applicable uniquement à partir du 1er jour du 13e mois suivant le décès.

	Bonne Foi	Mauvaise foi établie	Manœuvre frauduleuses ou abus de droit (L 64 LPF)
(B) Inexactitudes, insuffisances ou omissions (art. 2-III loi 8/07/1987)	I.R. seulement	40 %	80 % (art. 81-IV loi de finance 1987)
		Visa d'un agent ayant au moins le grade d'inspecteur principal	

P.R.C. : Procédure de Redressement contradictoire.
T.O. : Taxation d'Office.

L'ensemble du dispositif est soumis au contrôle du juge de l'ordre judiciaire (*tribunal de Grande Instance ; Cour de Cassation*) selon les règles de fonctionnement ordinaires du Code de Procédure Civile.

CONCLUSION

Au terme de cette étude, la fiscalité des successions peut sembler d'une complexité redoutable pour le profane non averti de la logique civile de la dévolution successorale. Cependant, avec un peu de méthode d'analyse, le caractère complexe s'estompe rapidement et ne subsistent que les écueils civils qui font l'intérêt du traitement des déclarations de succession pour la fiscalité.

Par ailleurs, la fiscalité des successions paraît aujourd'hui assurée d'une relative stabilité dans le temps malgré les réflexions engagées sur la réorientation nécessaire de la fiscalité du patrimoine. En effet, imposition de la transmission du capital au décès de son détenteur, les droits de mutation par décès sont trop dépendants de la Loi Civile pour être menacés fondamentalement. Par contre, c'est dans la simplification de certaines règles et dans la disparition des régimes d'exception dont la juxtaposition vide de son sens la Loi Fiscale qu'il conviendrait de rajeunir une législation nécessaire dont le produit financier est loin d'être négligeable pour le Trésor.

ANNEXE 1

— Mutation à titre gratuit

— Régimes fiscaux du tarif de l'impôt (*articles 777 du Code Général des Impôts et 779 du Code Général des Impôts*).

A. Abattements, en ligne directe et entre époux

* de 1960 au 31.12.1973 : 100 000 F
* entre le 1.01.1974 et le 8.07.1981 : 175 000 F
* depuis le 9.07.1981 : 250 000 F [1]
* depuis le 1.01.1984 : 275 000 F [2]

B. Tarif des mutations à titre gratuit

1. du 1.10.1960 au 31.12.1968, en ligne directe entre époux pour les successions et donations ordinaires :

* n'excédant pas 50 000 F = 5 %
* entre 50 000 F et 100 000 F = 10 %
* au-delà de 100 000 F = 15 %

---

1. Article 4.11 de la Loi du 3 août 1981. Entrée en vigueur pour les successions ouvertes à compter du 9 juillet 1981.
2. Article 19.1 de la Loi de finances pour 1984. Entrée en vigueur pour les successions ouvertes à compter du ler janvier 1984.

2. Depuis le 1.01.1969

a) En ligne directe :

* n'excédant pas 50 000 F	= 5 %
* entre 50 000 F et 75 000 F	= 10 %
* entre 75 000 F et 100 000 F	= 15 %
* au-delà de 100 000 F	= 20 %

b) Entre époux et pour les donations partages [3]

* n'excédant pas 50 000 F	= 5 %
* entre 50 000 F et 100 000 F	= 10 %
* entre 100 000 F et 200 000 F	= 15 %
* au-delà de 200 000 F	= 20 %

3. Depuis le 1.01.1984 :

a) en ligne directe :

* n'excédant pas 50 000 F	= 5 %
* entre 50 000 et 75 000 F	= 10 %
* entre 75 000 et 100 000 F	= 15 %
* entre 100 000 et 3 400 000 F	= 20 %
* entre 3 400 000 et 5 600 000 F	= 30 %
* entre 5 600 000 et 11 200 000 F	= 35 %
* au-delà de 11 200 000 F	= 40 %

b) entre époux :

* n'excédant pas 50 000 F	= 5 %
* entre 50 000 et 100 000 F	= 10 %

3. La Loi du 3 août 1981 a supprimé le tarif particulier applicable aux donations-partages. A compter du 9 juillet 1981, celles-ci sont soumises au même tarif que celui applicable pour les mutations à titre gratuit en ligne directe.

* entre 100 000 et 200 000 F	= 15 %
* entre 200 000 et 3 400 000 F	= 20 %
* entre 3 400 000 et 5 600 000 F	= 30 %
* entre 5 600 000 et 11 200 000 F	= 35 %
* Au-delà de 11 200 000 F	= 40 %

N.B. : la Loi de finances pour 1991 prévoit :

a) abattements ligne directe : 300 000 F
b) abattements entre époux : 330 000 F
applicables à compter du 1/01/1992.

Observations : ces tarifs et ces régimes d'abattements sont nécessaires pour une bonne application des dispositions de l'article 784 du Code Général des Impôts.

ANNEXE 2

cerfa

N° 30-1030

Formulaire obligatoire en vertu de l'art. 800 du Code Général des Impôts

DIRECTION GÉNÉRALE DES IMPÔTS

N° 2705

RECETTE des IMPÔTS d______________________________

DÉPARTEMENT d_________________________________

(1) (2)
SUCCESSION DE M____________________________

domicilié____ à________________________________

décédé____ à ________________________________

le____

(1) La déclaration est établie en double exemplaire lorsque les éléments d'actif, imposables ou non, qu'elle comporte, sont d'une valeur totale supérieure à 100 000 F.

(2) Nom, prénoms, du défunt en lettres capitales d'imprimerie. Pour les femmes mariées ou veuves, indiquer le nom patronymique de la défunte.

DÉCLARATION N°____________

du__________________19____

Journal R_________ N°________

Fiches de décès annotées ☐

ANNOTATIONS DIVERSES

CADRE RÉSERVÉ A L'ADMINISTRATION

Déclarations et payements

Nature	Date	N°	Sommes

FORMULE 2709

Renvoyée à

CACHET DE L'ÉTUDE

N° 2075 – IN 7 472635 M 30 F - Février 1987

N° 30-1435

Formulaire obligatoire en vertu de l'art. 800 du Code général des Impôts

DIRECTION GÉNÉRALE DES IMPÔTS

N° 2706

DÉCLARATION DE SUCCESSION *(Feuille intercalaire)*

(a) Colonne à remplir par le déclarant.

(b) Colonne réservée à l'Administration.

(1) AFFIRMATION DE SINCÉRITÉ.

A la suite des dernières énonciations, la déclaration, à moins qu'elle ne soit établie par un mandataire, doit comporter la mention suivante : « Le déclarant affirme sincère et véritable la présente déclaration contenue en .... pages, il affirme en outre, sous les peines édictées par l'article 8 de la loi du 18 avril 1918 (article 1.837 du C.G.I.), que cette déclaration comprend l'argent comptant, les créances et toutes autres valeurs mobilières françaises ou étrangères qui, à sa connaissance, appartenaient au défunt, soit en totalité, soit en partie » ; il approuve... les mots rayés nuls (en précisant leur nombre).

(2) Le déclarant date la déclaration et il signe. Il approuve séparément chacun des renvois, s'il y a lieu, par l'inscription de ses initiales (Cf. C.G.I., art. 802).

	(a)	*(b)*
Report		
A reporter		

PAGE ______

N° 2706 – Imprimerie Nationale – 8 472599 M 90 - Février 1988

DIRECTION GÉNÉRALE DES IMPÔTS **N° 2708**

Formule à l'usage exclusif des agents de l'Administration pour la recette des droits versés sans déclaration des redevables pour :
- acomptes ;
- suppléments de droits ;
- omissions ;
- insuffisances ;
- etc.

RECETTE DES IMPÔTS d ____________________ DÉPARTEMENT d ________________________	DÉCLARATION N° __________ du ________________ 19__ JOURNAL R___ n°___
SUCCESSION de M________________ ____________________________________ domicilié à ______________________________ décédé à ________________________________ le ____________________________________	Fiche de décès annotée ☐ DÉCLARATION PRINCIPALE n°_____ du ____________
	ANNOTATIONS DIVERSES

N° 2708 — IN 3 477141 M 96 D — Février 1983

cerfa

N° 30-1169

Formulaire obligatoire en vertu de l'article 800 du Code général des Impôts

DIRECTION GÉNÉRALE DES IMPÔTS

N° 2709

RECETTE des IMPÔTS d ____________________

DÉPARTEMENT d ____________________

(1) SUCCESSION de M (2) ____________________

____

domicilié à ____________________

décédé à ____________________

le ____________________

CADRE RÉSERVÉ A L'ADMINISTRATION

RECETTE DES IMPÔTS DE LA SITUATION DES BIENS

____

Déclaration n° ____________________

du ____________________ 19___

fiche de décès créée et annotée ... ☐

ANNOTATIONS DIVERSES

Le___ soussigné___ (3) ____________________

____

____

agissant en qualité de (4) ____________________

____

déclare___ que M. (2) ____________________

____

né___ à ____________________

de nationalité ____________________

célibataire
époux ou épouse de (5) } ____________________
veuf ou veuve de

____

____

exerçant la profession de ____________________

domicilié___ à ____________________

RECETTE DU DOMICILE

Déclaration n° ____________________

du ____________________ 19___

Actif déclaré : ____________________

Abattements : ____________________

Droits perçus : ____________________

____

ayant résidé à ____________________

est décédé___ à ____________________

le ____________________

laissant pour recueillir sa succession : ____________________

____

____

____

____

____

(1) Les héritiers, légataires ou donataires, leurs tuteurs ou curateurs sont tenus de souscrire une déclaration détaillée et de la signer sur une formule (N° 2705) imprimée fournie par l'Administration. Toutefois, en ce qui concerne les immeubles situés dans la circonscription de recettes autres que celle où est déposée la déclaration, le détail est présenté, non dans cette déclaration, mais distinctement, pour chaque recette de la situation des biens, sur une formule (N° 2709) fournie par l'Administration et signée par le déclarant (C.G.I. art 800, § 1).

(2) Nom du défunt en lettres capitales d'imprimerie. Pour les femmes mariées ou veuves, indiquer le nom patronymique de la défunte.

(3) Nom, prénom et domicile du ou des déclarants.

(4) Héritier, légataire, donataire, tuteur, curateur ou mandataire.

(5) Célibataire, époux ou épouse de, époux ou épouse séparé de biens de, époux ou épouse séparé de corps de, époux ou épouse divorcé de, veuf ou veuve de

N° 2709 — IN 1 077721 M 07 D — Septembre 1981

ANNEXE 3

Article 762 du Coge Général des Impôts.

Art. 762. Pour la liquidation des droits de mutation à titre gratuit, la valeur de la nue-propriété et de l'usufruit est déterminée par une quotité de la valeur de la propriété entière, conformément au barème ci-après :

Âge de l'usufruitier	Valeur de l'usufruit	Valeur de la nue-propriété
	Fraction de la propriété entière	Fraction de la propriété entière
Moins de :		
20 ans révolus	7/10	3/10
30 ans révolus	6/10	4/10
40 ans révolus	5/10	5/10
50 ans révolus	4/10	6/10
60 ans révolus	3/10	7/10
70 ans révolus	2/10	8/10
Plus de 70 ans révolus	1/10	9/10

Cet article permet de calculer la valeur de la part de l'usufruitier dans le cadre de la liquidation des droits.

Ex. : Actif taxable : 1 000 000 F

* Part du conjoint survivant selon article 767 (Code Civil)

1 000 000 F \x 1/4 = 250 000 F

* Valeur de l'usufruit (conjoint âgé de 71 ans)

250 000 F \x 1/10 = 25 000 F

* Part des autres héritiers :

1 000 000 F - 25 000 F = 975 000 F

Bibliographie

Les ouvrages suivants pourront utilement être consultés par tout lecteur qui souhaitera approfondir ses connaissances sur les successions :

MAZEAUD Leçons de Droit civil	Tome 4, Montchrestien, 1982.
P. VOIRIN Manuel de Droit civil	Tome 2, L.G.D.J., 1991.
M. de JUGLART Cours de droit civil	Tome 2, Montchrestien, 1991.
F. TERRE et Y. LEQUETTE Droit civil. Successions et libéralités	Dalloz, 1988.
Code Civil.	
Code Général des Impôts.	
Précis de Fiscalité	SLF/DGI, Imprimerie Nationale.
Dictionnaire de l'Enregistrement	Sociétés d'Éditions Documentaires et Fiscales.
Revue Française de Finances Publiques	n° 7-1984. Le Recouvrement.

Table des matières

L.G.D.J. - E.J.A.
14, rue Pierre et Marie Curie, 75005 PARIS
Dépôt légal : Novembre 1996
N° d'éditeur : 2937

Imprimé en France. — JOUVE, 18, rue Saint-Denis, 75001 Paris